## Versão brasileira

# Versão brasileira
## Traduções de autores de ficção em prosa norte-americanos do século XIX

Irene Hirsch

São Paulo, 2006

copyright © 2006 Irene Hirsch

Edição: Joana Monteleone
Projeto gráfico e diagramação: Clarissa Boraschi Maria
Revisão: Vivian Miwa Matsushita
Capa: Daniel Trench

Dados Internacionais de Catalogação na Publicação (CIP)
(Câmara Brasileira do Livro, SP, Brasil)

---

Hirsch, Irene
    Versão brasileira: traduções de autores de ficção em prosa norte-
americanos do século XIX/ Irene Hirsch. – São Paulo: Alameda,
2006.

    Bibliografia
    ISBN 85- 98325-29-5

    1. Tradução e interpretação I. Título.

06-4843                                        CDD- 418.02

---

Índice para catálogo sistemático:
1. Tradução literária: Lingüística  418.02

[2006]
Todos os direitos reservados à

ALAMEDA CASA EDITORIAL
Rua Ministro Ferreira Alves, 108    Perdizes
05009-060  São Paulo – SP
Tel/Fax (11) 3862-0850
www.alamedaeditorial.com.br

# Índice

| | |
|---|---|
| Introdução | 9 |
| **Capítulo i**<br>do arcabouço teórico | 15 |
| Teóricos contemporâneos da tradução | 17 |
| Teoria de polissistemas | 21 |
| Desdobramentos da disciplina | 25 |
| A opção por DTS | 35 |
| **Capítulo ii**<br>da chegada da ficção<br>em prosa norte-americana no brasil | 39 |
| A invasão cultural norte-americana | 41 |
| Aspectos quantitativos do mercado editorial<br>no Brasil (1960-1990) | 50 |
| Domínio público e a lei do *copyright* | 53 |
| Os escritores norte-americanos traduzidos no Brasil | 55 |
| Conclusão | 86 |

Capítulo III
DA ADAPTAÇÃO DESSAS OBRAS
EM COLETÂNEAS BRASILEIRAS 89

A criança leitora 93
As coleções com textos traduzidos na trajetória
do livro infantil no Brasil 95
As histórias em quadrinhos:
Maravilhosa, Histórias e Classics Illustrated 108
Os autores infanto-juvenis publicados no Brasil 111
Literatura cor-de-rosa em tradução 113
Conclusão 117


Capítulo IV
DA REUNIÃO EM ANTOLOGIAS DE
NARRATIVAS CURTAS TRADUZIDAS 119

Antologias no mercado livreiro nacional 121
Contos norte-americanos em coleções brasileiras 127
Conclusão 151


Considerações finais 153

Corpus 161

Referências bibliográficas 185

Agradecimentos 189

# Introdução

Neste início do século XXI, a tradução é entendida como uma atividade indispensável em toda e qualquer cultura, porque é um ato de comunicação que fomenta a internacionalização da informação. Esta pesquisa vem contemplar os anseios que têm como inquestionável a importância da tradução para a transmissão do conhecimento.

A tradução ocupa um vasto espaço no campo do conhecimento, subdividindo-se em diferentes áreas de interesse. À tradicional divisão entre tradução técnica e tradução literária somaram-se múltiplas novas linhas de pesquisa, tais como legendagem, dublagem, interpretação, terminologia, tradução juramentada, historiografia, entre outras.

O presente trabalho propõe uma abordagem historiográfica no âmbito da tradução literária e trata especificamente das traduções brasileiras de autores de ficção em prosa norte-americanos do século XIX.

Minha hipótese, que será desenvolvida ao longo deste trabalho, é que as traduções em prosa ocuparam uma posição marginal no sistema literário brasileiro e exerceram função de reproduzir modelos consagrados da narrativa, constituindo-se em fator importante de conservadorismo dentro do panorama geral da literatura brasileira. A tradução de prosa quase sempre foi considerada uma atividade de menor prestígio, que em lugar de ser "criação" cumpriu a função de uma "atividade secundária", ou de "ganha-pão" dos escritores. Essa concepção, resquício da concepção romântica que priorizou a criatividade e a originalidade, é responsável pela pouca atenção que as traduções de ficção em prosa mereceram, e a causa pela qual foram consideradas textos de pouca qualidade literária.

Isso, no entanto, não anulou sua importância social e cultural. Pelo contrário, as traduções da prosa oitocentista dos EUA, publicadas em múltiplas edições brasileiras, são uma mostra concreta do crescimento da produção e da circulação de bens simbólicos, e da conseqüente modernização cultural da nação. Ao longo do século XX, os "clássicos" deixaram de ser um privilégio de poucos e tornaram-se acessíveis a um número maior de leitores. Com a eliminação da barreira lingüística dos textos e, ao mesmo tempo, com o barateamento dos custos de produção dos livros, democratizou-se, em certo sentido, a cultura literária.

Parto da premissa de que a expansão do mercado livreiro nacional, composto por um número significativo de traduções, e a integração dessas traduções ao espaço literário foram processos ambivalentes. Para se compreender como uma obra é recebida há que se entender tal recepção a partir das contradições e dos relacionamentos de força que organizam o espaço literário. Para Pascale Casanova, há duas estratégias na base dos conflitos que movimentam os espaços literários: a "assimilação", diluidora das diferenças, e a "diferenciação", afirmadora das diferenças.

> As duas grandes "famílias" de estratégias fundadoras de todas as lutas dentro dos espaços literários nacionais, são, por um lado, a *assimilação*, isto é, a integração, por uma diluição ou desvanecimento de qualquer diferença original, em um espaço literário dominante, e, por outro, a dissimilação ou a *diferenciação*, isto é, a afirmação de uma diferença a partir sobretudo de uma reivindicação nacional. Esses dois tipos principais de soluções são muito claros no momento do surgimento de um movimento de reivindicação nacional ou de uma independência nacional (CASANOVA, 2002: 221).

Pascale Casanova faz um paralelo do conflito das duas estratégias com a luta ideológica entre a tendência ao cosmopolitismo e a tendência ao americanismo, que coexistem nas literaturas americanas (anglo-saxã e latino-americana). Eu faço um paralelo desse conflito das duas estratégias com as feições que caracterizam a literatura norte-americana traduzida no Brasil: conservadora e inovadora.

O meu intuito, neste trabalho, ao trazer a lume essas obras traduzidas, é discutir diferentes aspectos de sua composição. Tomando-as como fenômenos históricos, procuro compreendê-las não apenas considerando suas características lingüísticas, como também seus aspectos políticos, ideológicos, econômicos e culturais, uma vez que estes interferem em sua produção e recepção.

Para abordar o objeto de minha investigação utilizarei a perspectiva dos Estudos Descritivos da Tradução (DTS), instrumental teórico adequado para fundamentá-la, ainda que, às vezes, se faça necessário colocar, ao mesmo tempo, críticas ao modelo proposto, principalmente no que tange à questão da avaliação. A abordagem será discutida mais adiante, no capítulo I, sobre a teoria e a crítica à teoria dos estudos da tradução.

No capítulo II, serão abordadas as traduções brasileiras de ficção em prosa de autores norte-americanos do século XIX, propriamente ditas. Procuro demonstrar como, gradativamente, a presença cultural norte-americana tomou o lugar da hegemonia cultural francesa, trazendo novos livros para o Brasil, no período pós-Segunda Guerra Mundial.

Veremos como, a partir da década de 1960, já se pode falar em uma sociedade de consumo em massa para um mercado de bens culturais no Brasil. Examinarei os escritores norte-americanos mais traduzidos e, também, os menos traduzidos, detendo-me sobre os *best-sellers*, ou seja, os romances que receberam o maior número de traduções ou adaptações. A produção literária norte-americana de vanguarda não será examinada, pois o objeto desta investigação são as obras canônicas inscritas nos grandes circuitos editoriais.

Nesse contexto de emergência dos grandes empreendimentos editoriais com apelo comercial, viso a demonstrar como a transformação das condições de produção do livro nacional, no decorrer do século XX, modificou também o formato dos textos. A nova formatação fez com que numerosos escritores norte-americanos do século XIX ficassem conhecidos como autores de obras infantis, mesmo que não tivessem escrito com esse fim. Por isso, no capítulo III, examino as adaptações feitas para esse público, durante o período que se estende desde a década de 1930, quando das primeiras coleções da Companhia Editora Nacional, até o final da década de 1990, com as modernas coleções da editora Melhoramentos. Formatos diferentes abrigaram os clássicos dos EUA, que também foram adaptados inúmeras vezes para histórias em quadrinhos, ou publicados em gibis.

A dimensão metonímica dessas reescrituras é um fator importante de mudança e de permanência cultural, na medida em que possibilita a adaptação de formas e de conteúdos tradicionais às circunstâncias geradas pelas novas relações de consumo instituídas pelo mercado cultural. Segundo Lefevere, são essas refrações que asseguram a sobrevivência do original. Ilustrativo da necessidade de diversificação do produto livro é o fato de uma mesma editora ter, por vezes, publicado até três versões diferentes de um mesmo original.

Ainda no capítulo III, examino edições dirigidas ao público feminino, em coleções como BIBLIOTECA DAS MOÇAS, por exemplo. Assim como as crianças, as mulheres também passaram a ter um espaço reconhecido no mercado editorial brasileiro, principalmente a partir do século XX. O século XIX havia assistido ao início desse reconhecimento, que veio a se consolidar décadas mais tarde, quando a importância das mulheres no mercado consumidor passou a atrair a atenção dos editores.

A reunião em diferentes coletâneas brasileiras de ficção norte-americana em prosa curta, ou seja, contos e novelas, é por mim analisada no capítulo IV. Essas antologias oferecem um cardápio variado das preferências literárias do momento e das alterações do cânone, e nesse capítulo investigo tanto os critérios de organização das coletâneas quanto alguns aspectos textuais das mesmas.

O exame das coleções infantis e das antologias vem acompanhado de um breve apanhado histórico sobre as editoras responsáveis pelas traduções, como a pioneira Companhia Editora Nacional, a Vecchi, a Melhoramentos, a José Olympio e a Martins, entre outras. Sem perder de vista o interesse comercial das empreitadas dessas casas, responsáveis pela produção em série de textos pouco inovadores, busco compreendê-las como introdutoras de normas estéticas.

Na parte final, concluo que, como resultado da equação: crescente presença norte-americana na cultura *x* resistência de setores da sociedade brasileira, houve uma assimilação e, ao mesmo tempo, uma apropriação de bens culturais.

Após a conclusão, com o intuito de facilitar possíveis consultas, os dados coletados foram reunidos em *corpus* na seção de anexos, onde estão arrolados os 340 livros publicados no Brasil de escritores norte-americanos do século XIX.

Um exame da lista dos livros mais vendidos hoje, em São Paulo, mostra que as traduções de textos estrangeiros ainda representam mais do que 50% do total das publicações, dado que evidencia que até hoje as traduções ainda impulsionam as vendas de literatura.

E, sobre a importância da literatura desde a infância, faço minhas as palavras de Renato Janine Ribeiro:

> Esse direito ao imaginário, à divergência, à pluralidade de experiências é fundamental. É um direito que se enraíza já na infância. Coisa triste, passar os primeiros anos sem conhecer Peter Pan, ou Narizinho, ou enfim um desses fortes e bons imaginários da literatura, ou do cinema, ou de qualquer arte. Porque as pessoas que conhecemos à nossa volta, embora tenham a carne e os ossos tão justamente prezados, são em número pequeno – e por isso mesmo as opções de vida que elas encarnam se dão em quantidade limitada. É o livro, é a cultura que multiplica essas opções de vida –, especialmente em um mundo como o nosso que não suporta mais a endogamia, que sente, nos ambientes muito apertados, intensa claustrofobia. (JANINE, apud CARNEIRO, 2002: 16).

O direito às manifestações da imaginação, o livre acesso à pluralidade de experiências e o compartilhamento dos mundos ficcionais não podem ser cerceados. A multiplicação das opções é condição necessária para que se possa falar em democratização do conhecimento.

# Capítulo I

## Do arcabouço teórico

# Teóricos contemporâneos da tradução

Os Estudos da Tradução como uma disciplina com um objeto de estudo específico, com postulados científicos, com pretensão a ser uma ciência surgiram há algumas décadas e só muito recentemente vêm ganhando reconhecimento nos meios acadêmicos. Herdeiros da Literatura Comparada e tributários de disciplinas como a Lingüística, Teoria Literária, História, Filosofia e Antropologia, os teóricos contemporâneos dos Estudos da Tradução propuseram-se a ir além dos relatos de experiências, intuições pessoais e receitas artesanais de seus predecessores.

Nesse âmbito, destacaram-se os chamados Estudos Descritivos (DTS),[1] que se opõem à perspectiva normativa, segundo a qual existem regras lingüísticas atemporais, ou de inspiração transcendental, e rejeitam a idéia de que os estudos da tradução devam formular regras, normas ou instruções para a prática ou para a avaliação da tradução, ou para desenvolver instrumentos didáticos para o treinamento de tradutores. O interesse dos DTS é concentrar-se nos aspectos observáveis das traduções, entendendo-as como parte de uma história cultural, analisando a maneira como foram feitas e procurando os motivos de tal execução. É uma abordagem que se ocupa do texto de chegada, ao contrário das abordagens que priorizam o texto original.

Segundo Theo Hermans, os DTS como disciplina constituíram-se em um novo paradigma dos Estudos da Tradução:

---

[1] DTS refere-se a Descriptive Translation Studies. Doravante utilizarei essa sigla ao me referir aos Estudos Descritivos da Tradução.

# 18    IRENE HIRSCH

A perspectiva descritiva e sistêmica na tradução e no estudo da tradução foi preparada na década de 1960, desenvolvida na década de 1970, difundida na década de 1980, consolidada, ampliada e revista na década de 1990. Apresentou-se para um público mais amplo em 1985, como um "novo paradigma" dos Estudos da Tradução (HERMANS, 1985: 7).[2]

Múltiplas pesquisas foram feitas baseadas nos DTS, em universidades de diferentes partes do globo, nessas últimas décadas. Cito algumas das mais conhecidas, como "Translated Literature in France, 1800-1850", pesquisa de José Lambert, Lieven D'hulst e Katrin van Bragt sobre a literatura traduzida na França no início do século XIX; "Translation and Literary Genre – The European Picaresque Novel in the 17th and 18th Centuries", de outro estudioso, Hendrik van Gorp, que se concentrou não apenas em um período, mas também em um gênero literário, o picaresco; *Translation in a Postcolonial Context*, em que Maria Tymoczko, estudiosa de irlandês antigo, analisou o impacto da ideologia nas traduções de uma obra central da literatura medieval. Além desses, há o estudo de Saliha Paker sobre as traduções do turco, "Translated European Literature in the Late Ottoman Literary Polysystem"; o de Thereza Hyun sobre as traduções na Coréia, *Translation and Early Modern Korean Literature*; o de Sohar Shavit sobre literatura infantil em Israel, "Translation of Children's Literature as a Function of its Position in the Literary Polysystem"; e a recente tese de doutoramento de Marie-Hélène Torres sobre as traduções de autores brasileiros na França, "Variations sur l'étranger dans les lettres: cent ans de traductions françaises de lettres brésiliennes" (2001).

Além dessas, as numerosas outras investigações realizadas que utilizaram os DTS como fundamento teórico, as quais seria impossível

---

[2] The descriptive and systemic perspective on translation and on studying translation was prepared in the 1960's, developed in the 1970's, propagated in the 1980's, and consolidated, expanded and overhauled in the 1990's. It introduced itself to the wider world in 1985 as a "new paradigm" in translation. (Minha tradução)

citar em seu conjunto, demonstram que muito já foi feito nessa área; no entanto, a história da tradução é certamente uma área de pesquisa com um longo caminho à sua frente.

George Steiner, em seu clássico *After Babel* (1975), divide a história da literatura sobre a tradução em quatro períodos:

1. O primeiro período vai de Cícero (*Libellus de Optimo Genere Oratorum*, 46 a.C.) e Horácio (*Ars Poetica*) até Alexander Fraser Tytler (*Essay on the Principles of Translation*, 1791) e Schleiermacher (*Über die verschiedenen Methoden des Übersetzens*, 1813). Desse período, que é o mais longo da divisão de Steiner, fazem parte as observações de São Jerônimo, Lutero, du Bellay, Montaigne, Ben Jonson, Dryden, Pope, entre outros.

2. O segundo período, a que chamou de investigação hermenêutica, iniciado por Schleiermacher, inclui pensadores como Schlegel, Humboldt, Goethe, Schopenhauer, Paul Valéry, Ezra Pound, Benedito Croce, Walter Benjamin e Ortega y Gasset e vai até o *Sous l'invocation de Saint Jerome* (1946), de Valery Larbaud.

3. O terceiro período, a corrente moderna, começa com as primeiras traduções mecânicas (*machine translations*) de 1940, e inclui os teóricos formalistas russos e tchecos.

4. O quarto período caracteriza-se por uma diferença surgida a partir da década de 1960: a descoberta do texto "A tarefa do tradutor" de Walter Benjamin (publicado originalmente em 1923), somada à influência de Heidegger e Gadamer. Também o desencanto com as traduções mecânicas dissipou a forma de pensar que caracterizou a década de 1950.

Essa periodização é uma das tentativas modernas de se estudar o passado da tradução e tem o mérito, sobretudo, de fazer um levantamento de importantes depoimentos feitos por tradutores e teóricos sobre a tradução ao longo dos séculos. Por mais abrangente que se proponha a ser, *After Babel* discute apenas as grandes obras de arte, ou seja, a tradução é entendida como a atividade de traduzir os clássicos e Steiner desconsidera a crescente importância da tradução em áreas do saber não canônico. Além disso, a periodização de Steiner foi criticada por ser estática e desigual: seu primeiro período corresponde a 1700 anos, enquanto os dois últimos períodos correspondem a menos de trinta anos cada.

Outros teóricos, como Susan Bassnett, Edwin Gentzler e Lawrence Venuti,[3] propuseram periodizações diferentes. Essas recorrentes tentativas de dividir os estudos da tradução em períodos históricos são reveladoras da dimensão que a disciplina alcançou, especialmente a partir da segunda metade do século XX. Se desde a Antiguidade filósofos, teólogos, críticos literários, lingüistas, gramáticos e outros pensadores deram seus depoimentos sobre a tradução, a reunião dessas reflexões sob a égide de uma disciplina acadêmica é muito recente. A natureza interdisciplinar dos Estudos da Tradução, que foi constituída pela reunião de pressupostos da Lingüística, da Antropologia, da Teoria Literária, da História, da Filosofia e dos Estudos Culturais, foi responsável pela multiplicação das teorias de tradução.

Quanto à perspectiva teórica adotada na presente investigação, DTS teve início quando James Holmes cunhou o termo *Translation Studies* (Estudos da Tradução) para essa então nova abordagem, em "The Name and Nature of Translation Studies", em 1972. Nesse texto fundador, Holmes chegou à conclusão de que se tratava de uma disciplina empírica, baseada em fenômenos, preocupada em descrever os fenômenos relevantes e em estabelecer princípios que pudessem explicar e prever a sua ocorrência. Segundo Theo Hermans, esse texto é "a declaração de independência dos Estudos da Tradução", que deixam de ser estudos subordinados (HERMANS, 1999: 30).[4]

Holmes esboçou uma estrutura básica para a disciplina, dividindo-a em estudos "teóricos" e "descritivos". Os estudos teóricos se ocupariam das explicações e das previsões das traduções, ao passo que aos estudos

---

[3] Em *Translation Studies* (1980), *Contemporary Translation Theories* (1993) e *The Translator's Invisibility* (1995), respectivamente.

[4] "In that sense Holmes' 'Name and Nature' constitutes translation studies' declaration of independence." (Minha tradução)

descritivos (DTS) caberia descrever esses fenômenos lingüísticos. A partir dessa divisão, Holmes estabeleceu novas distinções, determinando três áreas nos DTS: os estudos dirigidos ao produto, que investigariam as traduções existentes; os estudos dirigidos à função, que examinariam o contexto sociocultural das traduções; e os dirigidos ao processo, que se ocupariam dos processos mentais do tradutor.

Nas décadas que se seguiram outros teóricos desenvolveram as premissas da nova disciplina. As idéias que começaram a ser desenvolvidas nos anos de 1970 foram discutidas em uma série de congressos,[5] e o encontro de acadêmicos dos Países Baixos e de Israel deu um novo ímpeto à disciplina, que resultou na delineação de sua proposta. A história do pensamento sobre a tradução passaria também a trazer informações sobre valores e crenças mutáveis da cultura em questão, e os estudos de caso históricos não se ocupariam apenas das traduções individuais, ou de *corpora* maiores, mas incluiriam em seu objeto também os discursos históricos sobre a tradução.

## TEORIA DE POLISSISTEMAS

A contribuição de teóricos como Itamar Even-Zohar e Gideon Toury no sentido de mudar a abordagem dos estudos da tradução em direção a uma compreensão da tradução como um fato cultural, como uma atividade governada por normas e sujeita a coerções, com ênfase do campo de estudo no pólo receptor, é inquestionavelmente relevante.

Um dos primeiros textos a explicar a teoria de polissistemas foi o clássico "The Position of Translated Literature within the Literary Polysystem", de Itamar Even-Zohar, de 1978. Herdeiro do formalismo russo de Tynianov, da década de 1920, Zohar adotou seu conceito de sistema à literatura, que seria parte integrante de um *polissistema* e se relacionaria

---

[5] Hermans considera três desses congressos como os mais importantes: em Leuven, 1976, em Tel-Aviv, 1978, e em Antuérpia, em 1980.

com outros sistemas, em permanente estado de transformação. Nessa definição de *polissistemas* estão inclusas estruturas literárias, semi-literárias e extra-literárias existentes em uma dada cultura, que estão em constante movimento, em busca de uma posição central, competindo entre si pela preferência dos leitores, por prestígio ou por poder. Um polissistema seria, então, uma rede de relações, composta, por sua vez, de várias outras redes simultâneas de relações. O modelo de Zohar faz uma distinção entre as posições que as traduções podem ocupar em um sistema literário: a posição primária é ocupada por traduções inovadoras, sendo que as traduções conservadoras ocupam uma posição secundária. As situações propícias para que uma literatura traduzida ocupe uma posição central são três: um sistema no qual a literatura está em processo de estabelecimento; um no qual a literatura é periférica; ou, ainda, quando há momentos de vácuos literários em uma literatura. Nessa posição central, a literatura traduzida introduz mudanças, apresentando novos modelos. Quando a literatura traduzida ocupa uma posição secundária, preserva-se o gosto tradicional.

Essa perspectiva, que buscou integrar o estudo das forças sociais e econômicas da história ao estudo da literatura, foi subseqüentemente desenvolvida por Gideon Toury, que se ocupou do ramo descritivo da disciplina. Em "A natureza e o papel das normas na tradução" (1984) Toury aponta para o papel sociocultural das traduções, e a conseqüente necessidade de estudar as normas que regulam essa atividade. Toury retoma o organograma de Holmes para desenvolver seus estudos descritivos; considera os estudos de caso necessários, tanto para confirmar quanto para reformular a teoria. As três abordagens, com ênfase no produto, no processo e na função, são interdependentes.

Procurando entender o processo de tomada de decisão por parte dos tradutores, Toury substitui o conceito tradicional de "equivalência" de Nida por "norma" e faz uma distinção entre três tipos de normas: iniciais, preliminares e operacionais. A norma *inicial* é a escolha que o tradutor faz de se sujeitar ao texto original e suas relações textuais; as normas *preliminares* envolvem fatores como escolha de texto e estratégias de tradução; e as *operacionais* são as decisões tomadas no ato da tradução que afetam o modo de distribuição do material lingüístico. As normas iniciais podem ser *adequadas* ou *aceitáveis*; são adequadas quando se ajustam às normas do texto original, e são aceitáveis quando se ajustam às normas literárias e lingüísticas do sistema de chegada. A polaridade com que essas estratégias foram definidas gerou uma série de críticas, o que levou ao reconhecimento por parte de Toury de que na prática o tradutor opta por uma combinação desses dois extremos. As normas operacionais subdividem-se em *matriciais*, que determinam a matriz do texto traduzido, os acréscimos e as omissões, e em *textuais*, que revelam preferências lingüísticas e estilísticas.

As normas de tradução podem ser estudadas tanto a partir do próprio texto traduzido, quanto de comentários ou de críticas feitas por tradutores, editores, críticos. Ao rever o conceito de equivalência, essencialmente prescritivo, Toury acrescenta-lhe uma dimensão histórica.

Em 1991, Toury faz uma revisão de sua formulação de normas em "What are Descriptive Studies into Translation Likely to Yield apart from Isolated Descriptions". Inicia suas considerações reafirmando a importância da divisão da disciplina como sugerida por James Holmes vinte anos antes. Mantém, portanto, a divisão dos Estudos da Tradução em teóricos e descritivos, com três campos de estudo distintos, porém relacionados: função, processo e produto. A função (ou posição) de uma tradução em um setor de uma cultura receptora é um fator importante para que se compreenda como o produto foi feito, em termos de modelos subjacentes e de representações lingüísticas. A posição e a função, e também os relacionamentos que se obtêm entre a tradução e o texto-fonte, podem governar as estratégias utilizadas durante a sua produção, ou seja, podem governar o próprio processo de tradução.

Toury enfatiza que, além de considerar as funções, os processos e os produtos como interdependentes, é preciso que um estudo sério procure explicações para tais relações. Considerar cada um desses aspectos de maneira autônoma é reduzir as pesquisas individuais a meras descrições superficiais, ou seja, nenhuma hipótese explicativa de fenômenos reais pode ser formulada de maneira satisfatória se não se considerar os três aspectos relacionados.

O objetivo principal dos Estudos da Tradução para Toury é a formulação de um conjunto coerente de leis de comportamento da tradução, geradas a partir de certas regularidades encontradas em uma série de estudos de caso. Essas leis não são diretivas, pois não pretendem obrigar a que se aja desta ou daquela forma, mas apenas facilitar os prognósticos dos fenômenos de tradução e suas explicações. A partir de uma hipótese de Even-Zohar, Toury formula uma lei que, a seu ver, as pesquisas atuais de comportamento na tradução apresentaram, segundo a qual "a tradução tende a assumir uma posição periférica no sistema de chegada, empregando em geral modelos secundários que servem como um fator importante de conservadorismo" (TOURY, 1991: 189).[6]

Inicia seu raciocínio afirmando que, em sua forma mais geral, ou seja, quando todas as condições foram reunidas, essa lei reza que "numa tradução, textemas tendem a se converter em repertoremas" (TOURY, 1991: 187),[7] na qual "textema" é qualquer sinal, independente de grau ou alcance, que está subordinado a relações textuais e por isso tem uma função textual, e "repertorema" é qualquer sinal (independente de grau ou alcance) que faz parte de um repertório institucionalizado.

Em outras palavras, essa norma reza que:

> Em tradução, as relações textuais tendem a ser ignoradas em favor de hábitos fortes do sistema de chegada (TOURY, 1991: 188).[8]
>
> Quanto mais periférico o seu *status*, mais irá se acomodar aos modelos e repertórios estabelecidos (TOURY, 1991: 189).[9]

---

[6] "translation tends to assume a peripheral position in the target system, generally employing secondary models and serving as a major factor of conservantism."

[7] "In translation, textemes tend to be converted into repertoremes."

[8] "In translation, textual relations tend to be ignored in favour of strong habits of the target system."

[9] "The more peripheral its status, the more it will accommodate itself to established models and repertoires."

Em tradução, itens na língua de chegada são normalmente escolhidos em um nível que é *inferior* do que aquele no qual as relações textuais são estabelecidas no texto-fonte (TOURY, 1991: 188).[10]

Cita como exemplo uma das normas mais persistentes em traduções de todas as línguas que é *evitar repetições*, sem que se considerem as várias funções que a repetição pode ter em alguns textos-fonte. Os dois modos prevalecentes de reduzir o número de repetições são a *omissão* de ocorrências, como se fossem supérfluas (e muitas vezes parecem ser, por exemplo, do ponto de vista referencial), ou a *substituição* por outra palavra, em geral quase sinônima.

A teoria de polissistemas, iniciada por Zohar e desenvolvida por Toury, recebeu inúmeras críticas, ao mesmo tempo em que serviu de fundamento para várias pesquisas históricas sobre a tradução, e seus pressupostos tiveram desdobramentos, dando continuidade aos DTS.

### DESDOBRAMENTOS DA DISCIPLINA

Os teóricos representativos da disciplina expuseram suas idéias em diferentes publicações, dando prosseguimento ao instrumental teórico dos estudos da tradução. Examinarei a seguir algumas dessas publicações, que se tornaram referências obrigatórias para os estudiosos da disciplina.

*The Manipulation of Literature*, coletânea organizada por Theo Hermans e publicada em 1985, foi uma das obras mais importantes dessa área por ter reunido em um mesmo volume as concepções fundadoras da disciplina. Nela foram publicados artigos dos acadêmicos da escola dos Países Baixos (Leuven) junto com os da escola de Israel (Tel-Aviv), como Gideon Toury, José Lambert, Maria Tymoczko, Susan Bassnett, Hendrik van Gorp, Andre Lefevere, Lieven D'hulst, entre outros, onde expuseram as diretrizes que deram forma à nova disciplina.

---

[10] "In translation, target-language items are normally selected on a level which is lower than the one where textual relations are established in the source text."

Logo na introdução, Theo Hermans sugere que um novo paradigma foi criado. Ele atribui o papel periférico ocupado pelas traduções (da mesma forma que as paródias, adaptações, literatura infantil, literatura popular) à orientação prescritiva da crítica literária, e conseqüente hierarquização dos textos canônicos. A premissa inicial da abordagem convencional era a de que as traduções eram textos literários de menor importância, e de qualidade inferior, e que, portanto, não eram merecedoras de estudo. No entanto, a presença dos textos traduzidos fez-se sentir cada vez mais forte na produção literária de vários países, demonstrando a importância histórica das traduções para o desenvolvimento das literaturas nacionais.

Theo Hermans resume desta forma alguns dos pressupostos comuns a essa abordagem:

> Uma visão da literatura como um sistema complexo e dinâmico; uma convicção de que deve haver uma interação contínua entre modelos teóricos e estudos de caso práticos; uma abordagem descritiva, dirigida para o alvo, funcional e sistêmica da tradução literária; e interesse pelas normas e coerções que governam a produção e a recepção das traduções, na relação entre a tradução e os outros tipos de processamento de textos, e no lugar e no papel da tradução tanto de uma literatura específica quanto em uma interação entre literaturas (HERMANS, 1985: 10).[11]

Esse grupo de pesquisadores ficou conhecido como *Manipulation Group,* embora tivessem recebido também outras denominações. A abordagem também ficou conhecida como "sistêmica" ou "descritiva".

---

[11] "A view of literature as a complex and dynamic system; a conviction that there should be a continual interplay between theoretical models and practical case studies; an approach to literary translation which is descriptive, target-oriented, functional and systemic; and an interest in the norms and constraints that govern the production and reception of translations, in the relation between translation and other types of text processing, and in the place and role of translations both within a given literature and in the interaction between literatures." (Minha tradução)

Sistêmica porque dentre os pressupostos esboçados compreendia-se a literatura traduzida como um sistema, segundo a teoria de polissistemas, como já foi discutido. Descritiva porque, em oposição aos isolados cotejos de aspectos lingüísticos das pesquisas da abordagem prescritiva, a disciplina trabalharia com *corpora* mais amplos para dar-lhes a devida dimensão histórica. Compartilhando pressupostos comuns, os pesquisadores dedicaram-se a ampliar a proposta.

André Lefevere, por exemplo, elegeu como objeto de estudo os textos historicamente marginalizados pelos críticos literários para discutir, entre outras questões, a interdependência cultural dos sistemas literários e a natureza intertextual das traduções. Priorizou a dimensão histórica ao incorporar ao estudo da literatura fatores extra-literários, de natureza político-ideológica, como a relação entre as traduções examinadas e as estruturas sociais de poder.

"Patronagem" é o termo cunhado por Lefevere para designar a ideologia imposta ao texto pelos detentores do poder financeiro e político. Definiu o conceito como "os poderes (pessoas, instituições) que promovem ou impedem a leitura, a escritura e a re-escritura das literaturas" (LEFEVERE, 1992: 15).[12] Distinguiu três componentes básicos do conceito: o ideológico, que determina a relação da literatura com os sistemas sociais; o econômico, que assegura o ganha-pão do profissional; e o status, que confere prestígio e reconhecimento ao tradutor. Basicamente, a patronagem diz respeito à ideologia, "essa grade da forma, convenção e crenças que ordena nossos atos"[13] (LEFEVERE, 1992: 16), sendo que cabe aos especialistas, como críticos, professores, organizadores de antologias e também tradutores, a tarefa de assegurar a ideologia e a poética do sistema.

Lefevere também foi responsável por assinalar a importância das refrações para a sobrevivência do original, entendendo "refrações" como os textos derivados de uma obra (nem sempre fiéis traduções),[14] alter-

---

[12] "the powers (persons, institutions) which can further or hinder the reading, writing, and rewriting of literatures."

[13] "that grillwork of form, convention and belief which orders our action."

[14] As refrações serão examinadas com mais detalhes no capítulo III.

nando os termos "refração" e "reescritura" para se referir às traduções, críticas, resumos, adaptações para crianças, histórias em quadrinhos, filmes para TV, ou seja, qualquer tipo de processamento de um texto, seja na mesma língua ou em outro idioma, assim como também em *midia* diferente. As refrações, ou reescrituras, são a força que mantém em movimento o sistema literário, seja no sentido de consolidação ou de mudança do cânone. Em outras palavras, as refrações são responsáveis pela sobrevivência dos originais. Cita como exemplo as refrações feitas por Swinburne e por Yeats, que canonizaram Blake, ou então a importância de T.S. Eliot para a sobrevivência de John Donne e dos poetas metafísicos.

Outro marco editorial da disciplina foi *Translation Studies*, de Susan Bassnett, publicado originalmente em 1980 e novamente em 1991. É uma obra introdutória, que também se tornou muito popular entre os acadêmicos dos DTS, por compartilhar das mesmas premissas. Nela, Bassnett definiu quatro áreas para os estudos da tradução: história da tradução, tradução da cultura de chegada, tradução e lingüística, e tradução e poética. Segundo Theo Hermans, o livro de Bassnett reuniu abordagens diversas, colocando lado a lado inovadores dos estudos da tradução como Holmes, Lefevere, Levý e Popovic junto com nomes mais conservadores como Nida e Catford (HERMANS, 1999: 13).

Susan Bassnett juntamente com André Lefevere ficariam conhecidos por terem sugerido o "Cultural Turn", uma virada nos estudos da tradução, que passariam a priorizar os aspectos culturais das traduções, focalizando a política externa em detrimento da literatura traduzida. Tratava-se de uma contribuição significativa à abordagem de sistemas, que até então havia negligenciado fatores socioculturais como ideologia e política.

Outra publicação importante na área de estudos da tradução, ainda que não seguisse exatamente a linha teórica dos DTS, é *The Translator's Invisibility: a History of Translation*, de Lawrence Venuti, publicado pela Routledge em 1995. Esse livro passou a fazer parte das bibliografias de todos os cursos de tradução e, ao mesmo tempo, tornou-se alvo preferido das críticas dos estudiosos. A idéia que fundamenta a argumentação de Venuti é a de que um texto traduzido que possa ser lido fluentemente, seja ele prosa, ficção ou não-ficção, é um texto que cria uma ilusão de transparência, uma ilusão de que o leitor estaria diante de um original e não de uma tradução. Embora essa transparência seja resultado do esforço do tradutor, visa a obliterar a sua presença. Em outras palavras, o uso de vocabulário atualizado, estruturas sintáticas conhecidas e sentidos precisos são recursos utilizados por tradutores "reacionários" para fazer uma tradução "domesticada"; um tradutor "resistente" não se dobra às regras de mercado e faz uma tradução "estrangeirizadora", na qual emprega arcaísmos, sentidos obscuros, construções não convencionais e outros recursos estilísticos visando a criar obstáculos lingüísticos para anular a ilusão de transparência. Em suas próprias palavras:

> O propósito deste livro é tornar o tradutor mais visível para que resista e mude as condições em que a tradução é teorizada e praticada hoje em dia, especialmente em países anglófonos. Por isso, o primeiro passo será apresentar a base teórica com a qual as traduções poderão ser entendidas como traduções, como textos autônomos, permitindo que a transparência seja desmistificada, e seja entendida somente como um efeito de discurso (VENUTI, 1995: 17).[15]

Venuti se diz seguidor das idéias de Schleiermacher, que proferiu uma palestra em 1813 em que afirmou haver duas maneiras de traduzir: deixar o autor em paz e levar o leitor a ele (método estrangeirizador), ou então levar o autor ao leitor (método domesticador). Venuti afirma que a sua opção é a primeira, a mesma de Schleiermacher. A leitura das traduções e dos tradutores anglo-americanos que faz em seu

---

[15] "The motive of this book is to make the translator more visible so as to resist and change the conditions under which translation is theoretized and practiced today, especially in English-speaking countries. Hence, the first step will be to present a theoretical basis from which translations can be read as translations, as texts in their own right, permitting transparency to be demystified, seen as one discursive effect among others." (VENUTI, 1995: 17)(Minha tradução)

livro é filtrada por esses conceitos, para demonstrar que a "fluência" é uma idéia que está presente nas traduções do período moderno.

Sua concepção de tradução foi posteriormente criticada, principalmente por Anthony Pym e Doug Robinson, devido ao caráter elitista e maniqueísta de sua formulação. Robinson critica o elitismo da proposta de Venuti. Ao ocupar-se apenas das traduções literárias, descartando o tradutor técnico-científico, sua proposta de "estrangeirização" estaria limitada ao tradutor cuja atividade principal não é a tradução. Para poder desafiar as normas hegemônicas, os tradutores "rebeldes" precisariam ter outros vínculos empregatícios, que nos países anglófonos significaria estar nas universidades. Além disso, Robinson alerta para a contradição entre o discurso fluente de Venuti e a sua estratégia de resistência à fluência nas traduções (ROBINSON, 1997: 100 e 102).

Gillian Lane-Mercier critica o caráter essencialista da concepção de Venuti: ao apoiar-se na dicotomia visibilidade *versus* invisibilidade, Venuti atribui valor positivo à visibilidade e valor negativo à invisibilidade, tornando-se vítima do próprio processo que procura desmascarar. Ou seja, delimita um quadro com variáveis claramente definidas, sem deixar espaço para a indeterminação como categoria epistemológica válida (LANE-MERCIER, 1997: 58).

O próprio Venuti amplia sua formulação em tratado posterior. Em *The Scandals of Translation*, o autor acrescenta às estratégias transgressivas do tradutor outros fatores constituintes importantes para que uma tradução possa ser considerada inovadora ou não, como, por exemplo, o *design* da página e a capa do livro, a opinião dos críticos, a propaganda e o uso que as instituições sociais e culturais fazem da tradução, ou seja, como é lida ou ensinada (VENUTI, 1998: 68).

Duas obras recentes no campo da investigação histórica, publicadas pela editora St. Jerome em anos consecutivos, buscaram reforçar o papel da tradução como uma prática cultural, embora com abordagens diferentes: uma metodológica, *Method in Translation History* de Anthony Pym (1998), e a outra baseada na interpretação de dados levantados em uma pesquisa, *Translation in a Postcolonial Context* de Maria Tymoczko (1999). Ambos são exemplos dos rumos que os DTS tomaram.

*Method in Translation History* focaliza métodos e técnicas de pesquisa, conceitos e modelos teóricos aplicados ao estudo da história da tradução. No prefácio de seu livro, Pym formula os quatro princípios que nortearam seu processo de pesquisa:

1. A história da tradução deve explicar por que traduções foram feitas em um local e tempo específicos.

2. O objeto central do conhecimento histórico deve ser o tradutor (e outras pessoas envolvidas no processo). Não deve ser nem o texto, nem o contexto e nem aspectos lingüísticos da tradução.

3. Os tradutores tendem a ser interculturais; identificações monoculturais não são possíveis, uma vez que tradutores trabalham com ao menos dois idiomas, transitando, portanto, em duas ou mais culturas diferentes.

4. A motivação do pesquisador de história da tradução existe no presente. Expressa problemas que dizem respeito à situação atual, a prioridade é o presente.

Pym propõe que a História da Tradução não seja uma sub-área da Literatura Comparada e nem dos Estudos Culturais, sugerindo que se encaminhe em direção aos Estudos Interculturais, porque faz parte de uma história intercultural. No conceito de intercultura, a nacionalidade dos tradutores não importa, uma vez que seu lugar é no espaço comum que há na sobreposição de duas culturas. Isto porque os tradutores são pessoas, e não meras abstrações, que podem se mover, e que transitam de um lugar para outro, assim como de uma cultura para outra.

Pym propõe uma subdivisão da historiografia da tradução em três áreas de pesquisa: arqueologia da tradução, crítica histórica e explicação. A primeira para responder sobre quem traduziu o que, quando e como; a crítica para avaliar como as traduções interferiram nesse processo; e a última para explicar por que fatos arqueológicos da tradução ocorreram e como se relacionavam com mudanças.

Os seis primeiros capítulos de seu livro abordam aspectos práticos de uma pesquisa histórica e a reflexão teórica é desenvolvida a partir

32          IRENE HIRSCH

do capítulo VII, no qual Pym faz uma revisão crítica dos estudos da
tradução, rejeitando pressupostos dos estudos descritivos. No capítulo
seguinte desenvolve o conceito de "regime", que define como um conjunto de convenções implícitas e coerções que geram debate. Para estar
atento às divergências geradoras de discussão, o foco do pesquisador
deve se centrar na teoria das traduções, em lugar de se deter na análise
textual ou lingüística das traduções.

O final de seu livro traz uma nota de otimismo, com a afirmação de
que, com a nova disciplina, a dos Estudos Interculturais, a atividade do
tradutor poderia ser, além de mais bem remunerada, a solução para os
problemas da história da tradução:

> Os estudos interculturais poderiam abranger quase tudo o que
> quero fazer em história da tradução e mais um pouco. No nível teórico,
> seu desenvolvimento iria exigir renovada atenção para o significado
> dos limites culturais e das categorias do pertencer. No nível prático, um
> senso de interculturalidade poderia ser desenvolvido a partir daquilo
> que aconteceria, mais cedo ou mais tarde, na maioria dos programas de
> treinamento de tradutores, nos quais os tradutores terão que aprender a
> fazer mais do que apenas traduzir. Na verdade, se forem percebidos como
> comunicadores profissionais que trabalham em espaços interculturais,
> os próprios tradutores poderiam ser a resposta para uma área de pes-
> quisa relativamente não institucional, transformando os estudos da
> tradução em um mercado institucional lucrativo e resolvendo alguns de
> nossos problemas históricos ao mesmo tempo. A história da tradução
> poderá ajudar a formar as interculturas do futuro (PYM, 1998: 201).[16]

---

[16] "As chance would have it, intercultural studies could encompass just about everything I want
to do in translation history, and quite a bit more. On the theoretical level, its development
would require new attention to the meaning of cultural boundaries and the categories of
belonging. On the practical level a sense of interculturality could be developed from what
should happen sooner or later in most translator-training programmes, where translators
will have to be taught to do much more than just translate. Indeed, if seen as professional
communicators working in intercultural spaces, translators themselves could provide the
key to a relatively uninstitutionalized research area, tapping translation studies as a lucrative

VERSÃO BRASILEIRA     33

Maria Tymoczko, em seu livro *Translation in a Postcolonial Context*, examina as práticas de tradução no período da luta de independência da Irlanda, mostrando a resistência dos tradutores ao colonialismo da Inglaterra e como a opressão cultural esteve presente nas traduções do acervo literário irlandês feitas na Inglaterra.

Tymoczko critica as abordagens que explicam a tradução com conceitos binários (literal *versus* livre, domesticada *versus* estrangeirizadora, equivalência dinâmica *versus* equivalência formal), e propõe que todos os textos literários traduzidos ou adaptados sejam entendidos como metonímias, pois evocam um aspecto do original e de todo um contexto literário e cultural. Uma vez que o público da cultura dominante desconhece a cultura, a língua e a tradição literária dos povos colonizados, cabe ao tradutor reescrever os textos, criar imagens de suas culturas, que são metonímias com implicações ideológicas importantes. Para exemplificar a maneira pela qual aspectos de um original são priorizados, Maria Tymoczko analisa as diferentes traduções para o inglês de *Táin Bó Cúailnge*, um texto irlandês medieval, ao mesmo tempo em que demonstra como o impacto ideológico está presente nessas traduções. Tendo em vista que o gênero e a forma da literatura celta diferem da forma e do gênero da literatura européia, os tradutores fazem alterações nas traduções para acomodá-los aos padrões da cultura receptora. Dessa forma, examina as diferenças nas estratégias das traduções de Standish O'Grady (1878), de Augusta Gregory (1912) e de Thomas Kinsella (1969), entre outros, com assumida preferência pelo texto do último poeta, publicado depois da independência da República Irlandesa (1921).

Essa tomada de posição, ou declarada preferência pela tradução de Kinsella, contempla uma necessidade de reformulação dos pressupostos dos estudos descritivos, que aspiravam a uma neutralidade impossível de ser sustentada. A autora afirma que embora o objetivo de sua análise não seja prescritivo, e não se proponha a utilizar os critérios de

---

institutional market and solving some of our historical problems along the way. Translation history might help form the intercultures of the future." (Pʏᴍ, 1998: 201) (Minha tradução)

# 34    IRENE HIRSCH

"bom" e "ruim", critérios de validade e um sentido de determinação são condições para a análise das representações de textos na tradução. Avaliar traduções com parâmetros específicos é uma habilidade essencial:

> De outra maneira, visto da perspectiva da abordagem descritivista da tradução e da teoria de polissistemas, o propósito dessa análise não é promulgar normas nem avaliar traduções como boas ou ruins, mas analisar o significado das manipulações textuais que ocorrem na passagem de um contexto cultural para outro, um significado que será surpreendente quando as traduções se afastarem dos limites do que foi estabelecido em uma cultura pelos principais campos e disciplinas de investigações culturais e científicas. A capacidade de avaliar traduções de acordo com parâmetros específicos é essencial para a existência de qualquer avaliação de traduções incluindo-se a abordagem descritiva da tradução: critérios implícitos de validade e um senso de determinação das traduções são pré-requisitos de análises de representações de textos em tradução, que inclui a dialética em traduções entre imperialismo e revolta (TYMOCZKO, 1999: 158).[17]

Tanto a abordagem de Pym quanto a de Tymoczko são criticadas pela pesquisadora Sergia Adamo em "Historical Paradigms and Translation History". Adamo julga que ambos só consideram como objeto de pesquisa as obras canonizadas:

---

[17] "Alternatively, from the perspective of a descriptive approach to translation and polysystems theory, the purpose of such an analysis is less to promulgate norms and evaluate translations as good or bad than to analyze the import of textual manipulations that occur in the passage from one cultural context to another, an import that will be striking indeed when translations depart from the bounds of what has been established about a culture by the principle domains and disciplines of scientific and cultural investigations. The ability to evaluate translations according to specified parameters is essential for the existence of any assessment of translations including a descriptive approach to translation: implicit criteria of validity and a sense of determinacy of translations are preconditions of analyzes of the representations of texts in translation, including the dialect within translations between imperialism and revolt." (Minha tradução)

Mesmo dois trabalhos mais recentes, um metodológico como *Method in Translation History* de Pym, e outro baseado em explicação e interpretação de resultados de pesquisa, como *Translation in a Postcolonial Context* de Tymoczko, correm o risco de negligenciar alguns aspectos por se referirem principalmente a ocorrências tradutórias estabelecidas, ou canonizadas ou conhecidas.[18]

Essa negligência, segundo Adamo, no entanto, não anula o fato de que os dois livros sejam contribuições importantes para entender a tradução como uma prática cultural, fato que havia sido negligenciado pela investigação histórica. Segundo a autora, no debate atual da discussão histórica enfatiza-se a consciência de que a coerência da "história" se fundamenta em um modelo progressista criado para contar uma "história" do mundo ocidental; essa coerência foi criada com a marginalização e supressão do que não se encaixasse nesse modelo, inclusive a afirmação ou negação de limites culturais.

## A OPÇÃO POR DTS

A presente pesquisa adota os DTS como perspectiva teórica e tem como foco examinar, no *corpus* aqui selecionado, a existência de fatores que possam reforçar ou enfraquecer a operação da norma formulada por Toury, qual seja, de que "a tradução tende a assumir uma posição periférica no sistema de chegada, empregando em geral modelos secundários que servem como um fator importante de conservadorismo" (TOURY, 1991: 189).

---

[18] "Even two more recent works, one methodological, such as Pym's *Method in Translation History*, and the other based on explication and interpretation of research results, such as Tymoczko's *Translation in a Postcolonial Context*, run the risk of neglecting some aspects, by referring mainly to established, canonised, well-known translational events." (Minha tradução)

No entanto, como se evidencia pelo já exposto, essa opção não significa que tenham sido desconsideradas as inúmeras críticas feitas até hoje à teoria de polissistemas. No caso de Toury, por exemplo, seu modelo descritivo não é poupado de críticas por Venuti, em razão de, a seu ver, aspirar ingenuamente a ser "ciência". Venuti também critica a postura de neutralidade objetiva almejada pela disciplina, afirmando que normas, lingüísticas ou literárias, são imbuídas de valores, crenças e representações sociais com a ideologia de grupos específicos. Além disso, a disciplina não teria sido informada pelas novas teorias como variações da psicanálise, feminismo, marxismo e pós-estruturalismo (VENUTI, 1998: 29).

Por seu lado, Theo Hermans, além de criticar a pretensa neutralidade, ou impessoalidade, da teoria de polissistemas, acha que os pesquisadores investem muito em classificações e em correlações, resguardando-se de especular sobre as causas subjacentes de fenômenos, tais como alterações em gêneros, em normas e nos conceitos e práticas coletivas da tradução. Percebe no resultado das pesquisas feitas uma coexistência de descrição e explicação, o que sugere uma percepção da literatura e da cultura como instâncias autônomas. A seu ver, o maior problema, no entanto, é o binarismo do modelo, com os conceitos de "primário *versus* secundário", "centro *versus* periferia", "canonizado *versus* não-canonizado" etc. Segundo Hermans, esse padrão de oposições binárias gera uma concepção de sistemas que é basicamente estrutural, remontando às idéias dos formalistas. Ao utilizar conceitos mutuamente excludentes, os pesquisadores necessariamente terão que ignorar todos os elementos ambivalentes, híbridos, instáveis, móveis ou sobrepostos (HERMANS, 1999: 119 e 120).

Às críticas, Hermans soma comentários elogiosos, ou seja, reconhece que os trabalhos que têm como fundamento a teoria de polissistemas são muito diversos entre si, pois cada pesquisa tem um perfil próprio. Cita como exemplo a pesquisa de Maria Tymoczko, que em sua análise de textos traduzidos do irlandês antigo sempre levou em consideração os aspectos políticos e ideológicos envolvidos na tradução, embora contasse, para isso, com instrumental dos estudos pós-coloniais acrescentados aos dos DTS.

Assim, ao privilegiar a perspectiva dos DTS, estou ciente das limitações e das críticas a esse modelo teórico, que situei historicamente aqui. Procurei mostrar neste capítulo que certos conceitos se tornaram obsoletos, a teoria revista e as formulações teóricas adequadas à maior complexidade da realidade. No entanto, a compreensão de que um texto traduzido é um fato lingüístico e cultural, bem como a laicização do texto original e a valorização do texto de chegada são pressupostos de uma concepção e metodologia que deram um novo rumo aos estudos da tradução. O enfoque sociocultural que passou a levar em consideração também a ideologia e a política da literatura traduzida enriqueceu esse campo de estudos.

A partir desses pressupostos teóricos, portanto, pretendo historicizar as traduções brasileiras de escritores norte-americanos de ficção em prosa do século XIX, trabalhando a hipótese de que estas ocuparam uma posição periférica no sistema literário brasileiro e que, em geral, constituíram-se em um fator importante de conservadorismo dentro do panorama mais amplo não só da literatura brasileira, mas também de seu contexto sociocultural. Buscarei mostrar, ao longo desse trabalho, que ao mesmo tempo em que essas traduções e adaptações tiveram uma feição conservadora, também cumpriram um papel inovador, por se situarem na base de importantes transformações pelas quais a nação passava, ou seja, no seio do processo de modernização cultural do Brasil, ocorrido durante o século XX. Serão examinados, portanto, momentos diferentes da história do Brasil, que vão desde a República Velha até o período subseqüente à ditadura militar. Examinarei nos capítulos seguintes de que modo a ficção norte-americana foi incorporada ao universo literário nacional, como se processou a formatação dessas histórias em outra cultura, fazendo, ao mesmo tempo, uma revisão crítica do modelo teórico.

# Capítulo II

## Da chegada da ficção em prosa norte-americana no Brasil

## A INVASÃO CULTURAL NORTE-AMERICANA

A progressiva americanização dos hábitos de leitura dos brasileiros foi um processo que se desenvolveu marcadamente ao longo do século XX, e do qual a tradução foi um instrumento. De fato, dentre os autores de ficção em prosa norte-americanos do século XIX citados por Hallewell, de acordo com os catálogos de 1865 e de 1883 da Casa Garraux, apenas Harriet Beecher Stowe,[1] Edgar Allan Poe[2] e James Fenimore Cooper[3] foram traduzidos para o português (em edições publicadas em Portugal) no próprio século XIX. O então reduzido interesse pela ficção norte-americana pode ser explicado pela predominância da influência francesa sobre as traduções brasileiras naquele período (HALLEWELL, 1985: 229). Há que acrescentar ainda à hegemonia cultural francesa um nascente nacionalismo brasileiro fortemente expresso como antiamericanismo.

Entrementes, e à medida que avançava o novo século, firmava-se no mercado livreiro o êxito comercial da literatura de ficção traduzida – norte-americana, majoritariamente –, gênero por meio do qual padrões culturais estrangeiros foram transferidos à sociedade brasilei-

---

[1] A adaptação para o teatro francês por Emmey e Dumonoit de *A cabana do pai Tomás* foi levada à cena no Rio de Janeiro em 1881 (PAES, 1990: 20). O original foi publicado nos EUA em capítulos no *National Era* em 1851-2 e publicado em forma de livro em 1852; no Brasil a tradução é de 1856.

[2] É de 1883 a famosa tradução de Machado de Assis de "O corvo".

[3] A primeira tradução de *The Last of the Mohicans* em língua portuguesa é de 1838.

## 42 IRENE HIRSCH

ra.[4] Em contrapartida, igualmente no século XX, aumentava também a resistência de certos setores da sociedade brasileira à assimilação da cultura norte-americana, o que levaria a um longo e complicado processo de recriação no interior mesmo dessa assimilação, a qual não se deu, portanto, de forma passiva. Assim, importantes intelectuais brasileiros posicionaram-se contra o imperialismo norte-americano nas letras, como foi o caso de Sérgio Buarque de Hollanda, que, em artigo intitulado "A decadência do romance", criticou o gênero conto por suas origens "ianques":

> *Yanquismo* em literatura!... Eis a última modalidade da lei do menor esforço aplicada às letras. Todo mundo conhece as reviravoltas que tem dado a humanidade desde que a americanização do globo vem se tornando um fato incontestável.
>
> O que é fato e ninguém nega é a virulência com que grafou nossas letras, o *yanquismo*. Uma de suas manifestações mais evidentes é o notável incremento que toma entre nós o conto leve e curto, com prejuízo do romance (HOLLANDA, 1996: 105).

A guerra entre os gêneros romance e conto colore-se de matiz nacionalista, atribuindo-se aos norte-americanos a criação de uma versão mais "leve" de literatura. Outro intelectual, Orígenes Lessa, em 1945, também deixou claro seu repúdio por esse tipo de ficção, por associá-la ao país de que procedia. Apesar de escrever a introdução de uma antologia de contos, *Norte-americanos antigos e modernos*, utilizou o espaço para expressar seu desapreço pelo gênero, cuja proliferação atribui aos Estados Unidos, endossando os intelectuais avessos à sua presença nas letras brasileiras:

---

[4] Refira-se que esse êxito comercial da ficcção estrangeira terminou também por estimular a própria produção local de ficção, fazendo crescer um grupo de escritores profissionais brasileiros, cujas obras passaram a concorrer com as traduções. Além disso, a concentração de investimentos das principais editoras na literatura de ficção em geral substituiu as importações de livros no setor editorial.

Talvez não haja outro país onde seja tão grande, como nos Estados Unidos, a produção de contos, nem tão medíocre. Porque é uma indústria rendosa e tentadora, alimentada por volumosas revistas bem pagantes. Grandes publicações com a obrigação de encher semanalmente dezenas de páginas com *short stories*, tão do gosto público, são um convite permanente à imaginação geral. O conto passou a ser uma indústria caseira que trabalha com todos os característicos da produção em série, de acordo com receitas previamente experimentadas e vitoriosas (LESSA, 1945: 7).

O sentimento antinorte-americano também foi expresso por integrantes de outros setores da sociedade brasileira, representantes da cultura popular, especificamente da música popular, como Lamartine Babo e Noel Rosa. Segundo Antonio Pedro Tota, várias canções das décadas de 1930 e 1940 tinham a americanização como tema, muitas delas com mensagens nacionalistas de defesa da cultura brasileira:

A lista é grande, mas para ficar só com alguns exemplos cito "*Boogie-woogie* do rato", de Denis Brean; "*Oh! Boy*", de Haroldo Lobo e Ciro de Souza; "*Cowboy* do amor", de Wilson Batista e Roberto Martins, "Dança do *boogie-woogie*" de Carlos Armando; "Samba de Casaca" de Pedro Caetano e Walfrido Silva; "Gosto mais de *swing*" de Lauro Maia; "O samba agora vai" de Pedro Caetano, e o clássico "*Yes*, nós temos bananas" de Alberto Ribeiro e João do Barro (TOTA, 2000: 169).

Veja-se a letra de "Não tem tradução", de Noel Rosa, por exemplo:

O cinema falado
É o grande culpado da transformação [...]
Se eu fizer uma falseta,
A Risoleta
Desiste logo do francês
E do inglês [...]
Depois o malandro deixou de sambar

Dando o pinote
Na gafieira a dançar
O *fox trot* [...]
Da exibição
Não se lembra que o samba
Não tem tradução
No idioma francês.
Tudo aquilo
Que o malandro pronuncia
Com voz macia
É brasileiro:
Já passou de português...
Amor lá no morro é amor pra chuchu.
E as rimas do samba não são *I love you*
E esse negócio de alô
Alô *boy,* Alô Jane,
Só pode ser conversa de telefone.

A exaltação da brasilianidade se faz por oposição, ou seja, o samba, a gafieira e o malandro se contrapõem ao *fox trot*, ao cinema falado e ao *boy*; Noel Rosa repele com ironia as marcas norte-americanas que percebe serem incorporadas ao cotidiano dos brasileiros.

A americanização do Brasil significou para os que assumiram o poder após a proclamação da República (1889) o fim da herança colonial e o começo do progresso e da democracia. O então ministro da Fazenda, Rui Barbosa, por exemplo, cérebro do primeiro governo republicano, estava ansioso por equiparar o Brasil aos Estados Unidos (BANDEIRA, 1978: 133). Positivistas, monarquistas e até alguns republicanos opuseram-se a isso, e em 1893 apareceu o primeiro protesto contra o ianquismo, *A ilusão americana*, de Eduardo Prado, que foi apreendido pela polícia de São Paulo[5] (BANDEIRA, 1978: 146).

---

[5] Os artigos que Eduardo Prado escreveu para *A Tribuna* criticando o exército e Deodoro da Fonseca tornaram-no alvo da repressão. Inconformado, fundou o *Jornal do Comércio*, de

Apesar das oposições, o fato é que o Brasil, ainda durante a monarquia, com uma sociedade essencialmente agrária e escravocrata, começou a tomar parte no nascente capitalismo global de matiz norte-americano, participando de exposições regionais e internacionais de seus produtos, manufaturas e inventos. Das feiras universais, o Brasil participou da exposição de Londres (1862) e das feiras de Paris (1867 e 1889), Viena (1873) e Filadélfia (1876) (SCHWARCZ, 1998: 397). Cumpre destacar sua participação na Exposição Universal da Filadélfia, ou *Centennial*, como ficaria conhecida para a história, a primeira a ter lugar em solo norte-americano, em 1876. Única monarquia presente na exposição, o Brasil apresentou um instrumento de fabricação própria – o Alta Azimute Prismático, por meio do qual se podia determinar as coordenadas de um astro. A *Centennial* registrou a presença de 60 mil expositores do mundo todo e teve um público de quase 10 milhões de pessoas; Wagner compôs um hino especial para a exposição e foi nesse evento que Graham Bell apresentou o telefone e D. Pedro II foi um dos primeiros a adquirir a nova invenção. Começava aí uma longa e contínua presença da tecnologia norte-americana no Brasil, que logo se desdobraria em presença cultural.

No entanto, a influência cultural dos Estados Unidos cresceu somente após a Primeira Guerra Mundial, nomeadamente a partir das bases industriais do cinema de Hollywood, que permitiu a propaganda de massa. Nessa época, importantes transformações operavam-se no cotidiano dos brasileiros: um exame das importações desse período revela a introdução de novos produtos no dia-a-dia da nação, tais como gasolina, petróleo cru, querosene, material ferroviário, motores, máquinas de escrever, máquinas de costura, fonógrafos, filmes e frutas como a maçã e a pêra (BANDEIRA, 1978: 208).

Entre a intelectualidade brasileira, essa presença norte-americana não era vista de modo consensual. As simpatias norte-americanas de Gilberto

---

oposição, e lançou o livro *A ilusão americana*, cuja tipografia onde estava sendo impresso foi cercada e a edição apreendida. Em 1895, publicou uma 2ª edição do livro em Paris. Seu colega jornalista Gomes Cardin foi levado à polícia por ler o livro proibido no bonde (MARTINS, 2001: 125).

Amado, Monteiro Lobato e outros não eram compartilhadas por Agripino Griecco (que também foi tradutor), por exemplo, que julgava "o liberalismo dos ianques uma das obras-primas da mitomania humana", que as grandes cidades norte-americanas eram "verdadeiras porcópolis" e que nos Estados Unidos "queimavam negros como archotes vivos, como brandões humanos" (BANDEIRA, 1978: 209-10). Segundo Nelson Werneck Sodré, a atitude da pessoa culta no início do século XX era de desprezo pelos Estados Unidos, como se percebe nas impressões de Bastos Tigre:

> Quisera escrever-te uma longa carta, dando-te minhas impressões desta infame terra. (...) Dir-te-ei apenas que isto é o país por excelência do mercantilismo, do interesse, do egoísmo brutal. Os maiores homens desta terra, os mais conhecidos, lisonjeados e amados são o Rockefeller, que é o campeão do *Dollar*, e o Jeffries, que é o campeão do Soco! (SODRÉ, 1998: 295).

Essa resistência, por vezes, representou a defesa de interesses do setor industrial nacional em confronto com o estrangeiro. Esse foi o caso da campanha dos editores brasileiros contra a Pocket Books Inc., empresa norte-americana cuja filial argentina estava invadindo o mercado editorial brasileiro com livros escritos em língua portuguesa e impressos nos Estados Unidos, fato que gerou protestos de intelectuais e de editores como Nelson Palma Travassos e Edgard Cavalheiro (KOSHIYAMA, 1982: 145-46).

No entanto, apesar da resistência e dos protestos, no decorrer do século XX a presença norte-americana paulatinamente fez-se sentir mais forte, principalmente a partir da década de 1930, com a Política de Boa Vizinhança do governo de Frank Roosevelt, com a expansão do rádio e da influência do cinema norte-americano. A hegemonia dos Estados Unidos marcou vários setores da sociedade brasileira, modificando seus hábitos, costumes e padrões de comportamento: surgiram as histórias em quadrinhos, o super-homem, os *cow-boys* de plástico, os chicletes, a Coca-Cola, o jazz etc. (BANDEIRA, 1978: 309-10). Os escritores brasileiros, suscetíveis às transformações, incorporaram as novidades.

As histórias em quadrinhos, os romances lacrimogêneos, o cinema, os romances policiais, exerceram influência tanto no que diz respeito à eleição de determinados temas ou de certos pontos de vista como no tocante aos procedimentos narrativos e às inovações formais de que se valiam os romancistas norte-americanos (Dreiser, John dos Passos etc.) (Miceli, 1979: 94).

No mercado editorial, a presença norte-americana pode ser percebida inicialmente por meio das publicações das traduções do inglês da Companhia Editora Nacional e da revista *Seleções*, lançada no Brasil no primeiro semestre de 1942.[6] Posteriormente, outras editoras como a Globo,[7] em Porto Alegre, e a José Olympio,[8] no Rio de Janeiro, foram responsáveis pela tradução de autores norte-americanos. Um outro fator que favoreceu a proliferação de obras norte-americanas foi o estancamento das fontes tradicionais de fornecimento de livros importados dos centros europeus, assolados pela Segunda Guerra Mundial (Koshiyama, 1982: 155).

Ao mesmo tempo em que ocorreu essa retração do mercado europeu, o setor nacional de publicações como um todo, ou seja, jornais, revistas e livros, ampliou-se, nomeadamente nas décadas de 1940 e 1950. Segundo Renato Ortiz, é a partir de então que se pode considerar a existência de uma série de atividades ligadas a uma cultura popular de massa no Brasil, nesse que foi o período da consolidação da sociedade urbano-industrial. A partir da Segunda Guerra Mundial, a sociedade brasileira se reformulou, redefinindo meios como a imprensa, o rádio e o cinema, e introduzindo novos *midia* como a televisão e o *marketing* (Ortiz, 2001: 38). Da mesma forma, o setor livreiro conheceu uma expansão notável: "Aumenta ainda o volume de livros editados, que en-

---

[6] Nesse mesmo ano também chegaram as empresas de refrigerante Coca-Cola e de sorvete Kibon (Tota, 2000: 59).

[7] A esse respeito há duas publicações da Edusp: *Em busca de um tempo perdido*, de Sonia Amorim, e *Editora Globo*, de Elisabeth Torresini.

[8] Sobre a editora há o livro de Antônio Carlos Villaça, *José Olympio. O descobridor de escritores*.

tre 1938 e 1950 cresce em 300%; observa-se também a multiplicação de casas editoras, que vêem o seu número praticamente dobrado entre 1936 e 1948" (Ortiz, 2001: 43).

A introdução da cultura de massa marcou, portanto, uma mudança na presença de modelos estrangeiros no Brasil, na medida em que os valores norte-americanos começaram a ser veiculados pela publicidade, cinema, rádio e publicações. Modificou-se assim o padrão de relacionamento da sociedade brasileira com a cultura, que passou a ser concebida também como um investimento comercial.

Se essas décadas marcaram o início de uma sociedade de consumo na área de bens culturais, as décadas seguintes, de 1960 e 1970, caracterizaram-se por consolidar esse mercado. O golpe militar de 1964 marcou um momento de reorganização da economia brasileira, que se integrou ao processo de internacionalização do capital, momento que Ortiz chama de "segunda revolução industrial" (Ortiz, 2001: 14).

Foi principalmente a partir de 6 de janeiro de 1967, data da assinatura do acordo MEC-SNEL-USAID de Cooperação para Publicações Técnicas, Científicas e Educacionais, que o mercado editorial brasileiro viu-se invadido por publicações de autores norte-americanos, ou seja, exatamente quando a divulgação dessas obras entre nós tornou-se objeto de política pública do governo brasileiro. Assim, segundo esse acordo, seriam colocados na rede escolar brasileira, no prazo de três anos, a contar de 1967, 51 milhões de livros de autoria norte-americana. Enquanto ao MEC (Ministério da Educação e Cultura) e ao SNEL (Sindicato Nacional dos Editores de Livros) foram atribuídas responsabilidades de execução, coube aos técnicos da USAID (United States Agency for International Development) o controle desde os detalhes técnicos de fabricação do livro até a elaboração, ilustração, editoração e distribuição de livros, além da orientação das editoras brasileiras no processo de compra de direitos autorais.[9]

---

[9] Segue o texto do acordo:

*III - Responsabilidades*

B. A USAID/BRASIL concorda em:

Proporcionar serviços de assistência técnica por especialistas na dependência de suas

Esse acordo representou uma combinação de interesses comuns entre o regime militar e a expansão de grupos privados, representados, nesse caso, por empresários da cultura. Hallewell observa que o setor livreiro – na figura das casas editoriais AGIR, Francisco Alves, Globo, Kosmos, LTB, Monterrey, Nacional, José Olympio, Vecchi, Cruzeiro, Saraiva, GRD – financiou as atividades do IPES (Instituto de Pesquisas e Estudos Sociais), organização responsável por uma intensa campanha de propaganda anticomunista nos anos anteriores ao golpe de 1964 (HALLEWELL, 1985: 462).[10]

Em contrapartida, dentre os benefícios auferidos pelos editores, a isenção de impostos, exceto o de renda, de todos os estágios da produção e venda do livro, inclusive da fabricação do papel de impressão, ficou garantida pela Constituição de 1967; além disso, foi facilitada a importação de novos equipamentos para a indústria editorial (HALLEWELL, 1985: 463).[11]

---

disponibilidades de verba e de pessoal, para trabalhar com os editores e o Ministério em vários aspectos da execução do programa. Os especialistas atenderão a diferentes setores, tais como: distribuição, impressão, encadernação, fabricação de papel, diagramação, elaboração e ilustração de livros, editoração de livros técnicos, didáticos, de referência e de biblioteconomia.

Assessorar, de comum acordo com a COLTED, as editoras brasileiras no processo de compra de direitos autorais de outras editoras.

Assinado por: Raymundo Moniz de Aragão (Ministério da Educação e Cultura) – Cândido de Paula Machado (presidente do Sindicato Nacional dos Editores de Livros) – Joaquim Faria Góes (Representante do Governo Brasileiro Para a Comissão Coordenadora da Aliança para o Progresso) – Stuart H. Van Dyke (Diretor USAID/BRASIL) (MOREIRA ALVES, 1968: 98).

[10] Duas obras que trataram das atividades políticas do IPES, lançadas pela Editora Vozes, são *1964, A conquista do Estado*, de René Dreifuss, de 1981, e *Deus, pátria e família* – As mulheres no golpe de 1964, de Solange de Deus Simões, lançado em 1985.

[11] O GEIPAG (Grupo Executivo das Indústrias de Papel e Artes Gráficas), criado pelo governo em 1966, era um órgão que se dedicava à formulação de políticas para a indústria gráfica, e que convenceu as autoridades da necessidade de renovação.

# Aspectos quantitativos do mercado editorial no Brasil (1960-1990)

A expansão do mercado editorial brasileiro não se deu exclusivamente no setor de traduções. Sandra Reimão examina o mercado editorial brasileiro em geral, no período compreendido entre 1960 e 1990, e os quadros que elaborou demonstram com clareza o crescimento desse setor.[12]

O cálculo que Reimão fez para chegar à média de livro por habitante/ano foi dividir o número de habitantes pela tiragem total dos livros publicados, ou seja, o cálculo não se baseia no número de títulos. Esse levantamento engloba todos os tipos de publicação, exceto folhetos (isto é, publicações com menos de 48 páginas). Cumpre ressaltar que o Brasil é um dos maiores mercados de livros do globo. Apesar do índice brasileiro de livro por habitante ao ano ser baixo, o fato de a população ser numericamente grande compensa tal deficiência.

RELAÇÃO LIVROS POR HAB./ANO EM ALGUNS ANOS DA DÉCADA DE 1960[13]

| Ano | Pop. Brasil | Tiragem | Livros por hab./ano |
|---|---|---|---|
| 1960 | 65 743 000 | 36 322 827 | 0,5 |
| 1961 | 71 868 000 | 36 322 827 | 0,4 |
| 1962 | 74 096 000 | 66 559 000 | 0,9 |
| 1963 | 76 409 000 | 54 222 606 | 0,7 |
| 1964 | 78 809 000 | 51 914 564 | 0,6 |
| 1967 | 86 580 000 | 154 899 825 | 2,1 |
| 1969 | 92 282 000 | 68 583 400 | 0,7 |

---

[12] Reimão, 1996 – a obra intitula-se *Mercado editorial brasileiro 1960-1990*.

[13] Salvo indicação em contrário, os dados foram extraídos de Reimão (1996), que utilizou os *Anuários estatísticos do Brasil* e dos *Censos demográficos de 1960 e 1970* publicados pelo IBGE.

## Década de 1970

| Ano | Pop. Brasil | Tiragem | Livros por hab./ano |
|---|---|---|---|
| 1971 | 95,9 | 80,1 | 0,8 |
| 1972 | 98,6 | 136,0 | 1,3 |
| 1973 | 101,4 | 136,0 | 1,3 |
| 1974 | 104,4 | 144,7 | 1,3 |
| 1975 | 107,1 | 137,8 | 1,2 |
| 1976 | 110,1 | 147,2 | 1,2 |
| 1977 | 113,2 | 164,8 | 1,3 |
| 1978 | 116,3 | 186,7 | 1,6 |
| 1979 | 119,6 | 222,6 | 1,8 |

## Década de 1980

| Ano | Pop. Brasil | Tiragem segundo fontes diferentes | | |
|---|---|---|---|---|
| | | SNEL | IBGE | F. João Pinheiro |
| 1980 | 121,3 | 242,7 | | |
| 1981 | 124,1 | 218,8 | | |
| 1982 | 126,9 | 245,9 | 206,9 | |
| 1983 | 129,8 | | 181,3 | |
| 1984 | 132,7 | | 178,8 | |
| 1985 | 135,6 | 161,9 | 197,2 | |
| 1986 | 138,4 | 209,1 | | |
| 1987 | 141,6 | 186,5 | | |
| 1988 | 144,4 | 161,6 | | |
| 1989 | 147,4 | 155,5 | | 239,3 |
| 1990 | 150,4 | 115,0 | | 303,4 |

Como se pode ver, logo no início da década de 1960, o mercado editorial brasileiro teve uma média anual inferior a um livro por habitante. Somente após 1967, data da assinatura do acordo MEC-SNEL-USAID, e principalmente ao longo da década de 1970, os índices ultrapassam esse patamar. Como o IBGE não dispõe dos dados referentes aos anos de 1965 e 1966, é possível que os dados de 1967 se refiram também aos anos anteriores, o que explicaria a alta cifra de 2,1 livros por habitante ao ano. No entanto, os números são claros em demonstrar que houve uma expansão do setor livreiro nesse período. Apesar de Reimão não publicar a média de livro por habitante/ano relativa à década de 1980, os números por mim pesquisados confirmam o crescimento das publicações em relação à década de 1960:

| | |
|------|-----|
| 1980 | 2,0 |
| 1981 | 1,7 |
| 1982 | 1,9 |
| 1983 | 1,3 |
| 1984 | 1,3 |
| 1985 | 1,4 |
| 1986 | 1,5 |
| 1987 | 1,3 |
| 1988 | 1,1 |
| 1989 | 1,0 |
| 1990 | 1,5 |

Ressalte-se que, enfocando o segmento ficção nos anos de 1980, pode-se dizer que o romance de autor estrangeiro (não necessariamente norte-americano) foi o gênero de livro mais publicado (REIMÃO, 1996: 90).

### O PAPEL DA LITERATURA DE FICÇÃO TRADUZIDA NO MERCADO EDITORIAL BRASILEIRO

O *Catálogo brasileiro de publicações* é uma bibliografia de livros norte-americanos traduzidos para o português, e disponíveis no mercado brasileiro, compilada até fevereiro de 1987. É uma bibliografia do serviço de divulgação e relações culturais dos EUA (USIS – United States Investigations Services). Célia de Queiroz Baltar organizou esse levantamento de títulos, que tem algumas limitações, tais como as anunciadas na introdução de David J. Lee: somente estão listadas as obras que foram encontradas ainda à venda e não foram arrolados periódicos, artigos ou teses, mas apenas livros.

Ainda que incompleta, a lista traça um quadro no qual se vê que as obras literárias têm uma importância menor no âmbito das publicações. Os assuntos foram divididos em dez grandes áreas, obedecendo ao esquema de classificação de Dewey:[14] 0 = Obras Gerais, 1 = Filosofia, 2 = Religião, 3 = Ciências Sociais, 4 = Linguagem e Línguas, 5 = Ciências Puras, 6 = Tecnologia, Ciências Aplicadas, 7 = Belas Artes, 8 = Literatura, 9 = Geografia, História e Ciências Auxiliares. Essas áreas se subdividem em numerosos outros assuntos, mas neste trabalho me ocupo apenas da subdivisão da 8 = Literatura: Literatura, Literatura Americana, Poesia, Teatro, Ficção, Ensaios, Humorismo, Novelas e Contos.

À guisa de conclusão, no âmbito do recenseamento organizado por Baltar, pode-se dizer que a literatura, mesmo representando uma área importante, com 32% desse universo de traduções brasileiras de livros norte-americanos, não é a categoria favorita do mercado editorial brasileiro.[15] Somando-se as outras áreas, chega-se aos 68% restantes, que constituem o interesse principal dos editores brasileiros.

## DOMÍNIO PÚBLICO E A LEI DO COPYRIGHT

As obras consideradas de domínio público são aquelas sobre as quais não incidem direitos autorais nem *copyrights*. Em se tratando de mate-

---

[14] Em 1876, Melwil Dewey, bibliotecário norte-americano, elaborou o esquema de classificação e de arrumação de livros mais difundido no mundo. O simples recurso matemático de Dewey permite classificar e localizar qualquer livro em qualquer biblioteca (CAVALLO, 1999: 209).

[15] Enquanto, por exemplo, na tese de Marie-Hélène Torres sobre as traduções francesas de obras brasileiras há uma clara preferência por ficção na França, o mesmo não pode ser dito da ficção norte-americana no Brasil (*Variations sur l'étranger dans les lettres: cent ans de traductions françaises des lettres brésiliennes, 2001*).

rial estrangeiro, uma obra é de domínio público quando foi elaborada antes de 1923, ou quando o autor faleceu há mais de setenta anos e não deixou herdeiros de seu Patrimônio Intelectual em testamento, ou ainda quando os detentores de seus Direitos Autorais e de Reprodução declararam-na em "domínio público".

Com o propósito de proteger os direitos dos autores sobre suas obras literárias e artísticas foi realizada a Convenção de Berna, em 9 de setembro de 1886. Essa convenção foi completada e revista posteriormente em Paris (4 de maio de 1896), em Berlim (13 de novembro de 1908), em Berna (20 de março de 1914), em Roma (2 de junho de 1928), em Bruxelas (26 de junho de 1948), em Estocolmo (14 de julho de 1967) e em Paris (24 de julho de 1971).

No Brasil, o órgão responsável pelo registro de obras intelectuais é o Escritório de Direitos Autorais, que funciona desde 1898, na Fundação Biblioteca Nacional. De acordo com a Lei nº 9.610/98, o reconhecimento e proteção da autoria estão protegidos pela Constituição.[16]

Quase todos os autores examinados nesta investigação já estavam em domínio público quando de sua publicação no Brasil. Isso significa que, além de não ter a obrigação de pagar os direitos autorais, os editores tiveram também a proteção da lei para condensar, simplificar ou alterar os textos originais. Em outras palavras, a transformação dos textos em artefatos a ser reproduzidos em massa foi facilitada pela lei.

---

[16] Segundo a Constituição:

Art. 33. Ninguém pode reproduzir obra que não pertença ao domínio público, a pretexto de anotá-la, comentá-la ou melhorá-la, sem permissão do autor.

Art. 44. O prazo de proteção aos direitos patrimoniais sobre obras audiovisuais e fotográficas será de setenta anos, a contar de 1º de janeiro do ano subseqüente ao de sua divulgação.

Art. 45. Além das obras em relação às quais decorreu o prazo de proteção aos direitos patrimoniais, pertencem ao domínio público: I – as de autores falecidos que não tenham deixado sucessores; II – as de autores desconhecidos, ressalvada a proteção legal aos conhecimentos étnicos e tradicionais.

Disposições Finais e Transitórias:

Art. 112. Se uma obra, em conseqüência de ter expirado o prazo de proteção que lhe era anteriormente reconhecido pelo § 2º do art. 42 da Lei nº 5.988, de 14 de dezembro de 1973, caiu no domínio público, não terá o prazo de proteção dos direitos patrimoniais ampliado por força do art. 41 desta Lei.

Os empresários culturais tiveram menos gastos para manufaturar um "clássico" do século XIX do que uma obra contemporânea, sofreram menos coerções e menos exigências por lidar com obras de autores falecidos. Não é por acaso que coexistem tantas versões de uma mesma obra, como, por exemplo, dezesseis de *Little Women*, também dezesseis de *Moby-Dick* ou então sete de *Huckleberry Finn*.

Examinarei a seguir as obras que tiveram o maior número de versões brasileiras com o intuito de demonstrar a forma pela qual constituíram-se em um fator importante de conservadorismo no âmbito da prática da tradução no Brasil, em particular, e da literatura brasileira, em geral. Da seleção do tema das obras até as mais simples escolhas lexicais e gramaticais, encontrei nesses textos uma continuidade da hegemonia do sistema literário nacional. Seja porque atenderam a interesses ideológicos da nova ordem mundial, representada pela invasão cultural norte-americana, ou aos interesses comerciais dos industriais da cultura, ou ainda porque foram feitas por escritores que encontraram na tradução um meio de sobreviver e não um projeto revolucionário experimental, as obras "preferidas" não foram inovadoras. Em outras palavras, os *best-sellers* de autores norte-americanos do século XIX foram refeitos inúmeras vezes porque não ofereciam riscos, não ameaçavam a ordem estabelecida e, principalmente, representavam uma fonte segura de rendimentos para os investidores.

## Os escritores norte-americanos traduzidos no Brasil

O exame das publicações referentes aos autores selecionados nesta tese mostra que Mark Twain teve o maior número de publicações individuais brasileiras, totalizando 56 livros. Em seguida vêm Edgar Allan Poe, Herman Melville, Jack London e Henry James com mais de trinta publicações de suas obras. Não tão divulgados, mas com mais de vinte títulos cada, são Nathaniel Hawthorne, James Fenimore Cooper e Louisa M. Alcott. Escritores como Henry D. Thoreau, Francis H. Burnett,

Washington Irving, O. Henry, Bret Harte, Harriet B. Stowe, Eleanor Porter, Ambrose Bierce, Kate Wiggin, Edith Wharton e Stephen Crane tiveram dez ou menos livros traduzidos e publicados no Brasil. Com apenas um título brasileiro encontram-se Francis Marion Crawford, Kate Chopin, Richard Dana e Emma Southworth.

Outros escritores norte-americanos do século XIX traduzidos e publicados no Brasil foram Thomas Bailey Aldrich, Mary Wilkins Freeman, Edward Everett Hale, Lafcadio Hearn, William Dean Howells e Frank Stockton. No entanto, não foram incluídos no gráfico porque não tiveram sua obra publicada em volumes separados, mas apenas um ou dois contos publicados em antologias de diferentes autores.

Os dados desta pesquisa referem-se a um levantamento das publicações individuais de autores norte-americanos que encontrei catalogadas na Biblioteca Nacional do Rio de Janeiro, no *Unibibli* (Catálogo coletivo de livros, teses e publicações seriadas da USP, Unesp e Unicamp), no *Catálogo brasileiro de publicações*, nas livrarias e nos sebos. Considerei apenas uma tiragem por edição, ou seja, as diferentes tiragens não figuram nestes números.

A editora que publicou o maior número de títulos de autores oitocentistas norte-americanos foi a Ediouro, que ocupou 17% do mercado. O Clube do Livro e a Abril ocupam o segundo lugar desse mercado editorial (6%). A Cia. Editora Nacional ocupa o terceiro lugar, com 5%. Em seguida vêm Bruguera, Vecchi, Melhoramentos e Círculo do Livro, com 4%, e Ebal, Globo, Ática e Cultrix com 3% .[17]

As datas das publicações constituem um dado bastante impreciso deste levantamento. Muitas editoras, principalmente no começo do

---

[17] São elas: Alhambra, América do Sul, Axis Mundi, Bloch, BUP, Boa Leitura, Brasiliense, Caravela, O Clarim, Cedibra, Consultor, do Brasil, Empreza Litteraria Fluminense, Estação Liberdade, Expressão, FDT, Francisco Alves, Global, Gráfica, Guanabara Dois, Hemus, Ibrasa, Imago, Interior, Irmãos Pongetti, Itatiaia, Jackson, José Olympio, Lacerda, Lidador, Livraria Curitiba, Loyola, Max Lemonad, Martin Claret, Mérito, Monterrey, Musa, Nova Aguilar, Nova Alexandria, Nova Cultural, Nova Fronteira, Otto Pierre, Pan Americana, Paraula, Pinguim, Publifolha, Paz e Terra, Revan, Rocco, Scipione, Verbo e 34.

século XX, não se preocuparam em datar suas publicações. A editora mais importante no setor de literatura norte-americana traduzida, a Ediouro, é uma das que menos se preocupou com a ficha catalográfica, o que permite que se faça apenas uma aproximação das épocas em que as publicações foram feitas.

## Os romances norte-americanos
### *made in Brazil* mais populares

Os romances mais publicados, ou seja, com maior número de adaptações e traduções (integrais ou não) são *Little Women*, de Louisa May Alcott, *Moby-Dick,* de Herman Melville, ambos com dezesseis textos diferentes, *The Last of the Mohicans*, de James Fenimore Cooper, com catorze versões brasileiras, *The Adventures of Tom Sawyer*, de Mark Twain, com doze, *Uncle Tom's Cabin*, de Harriett Beecher Stowe, com onze, *The Call of the Wild*, de Jack London, com nove, *The Prince and the Pauper*, de Mark Twain, com oito, e *The Adventures of Huckleberry Finn*, também de Mark Twain com sete versões brasileiras.

Observe-se que, dentre as oito obras mais populares, três são de um mesmo autor, Mark Twain, e todas se tornaram clássicos da literatura infanto-juvenil. Encontra-se nesse conjunto de escritos temas dos mais variados além da aventura, que é o tema mais popular das traduções examinadas. Nas narrativas, paralelamente ao desenvolver da trama, os autores abordam temas como o indianismo, o racismo, a abolição da escravatura, o papel da mulher e a discriminação social, mas a discussão parte de uma perspectiva contemporizadora, de modo a eliminar os conflitos. A meu ver, quando as obras não eram consideradas conservadoras do ponto de vista ideológico, foram adaptadas para a educação da juventude brasileira, seguindo o padrão dos que estavam empenhados em formar uma juventude "saudável e patriótica", unida em torno dos princípios da tradição cristã. De um modo geral, são obras "clássicas" que aspiram a discutir temas "universais", e que foram refeitas inúmeras vezes de modo a reafirmar e consolidar valores morais

58 IRENE HIRSCH

e padrões de conduta conservadores. E o que está em jogo é, na verdade, uma imposição dos valores norte-americanos referentes à concepção do mundo social sobre os valores nacionais. A representação brasileira da cultura norte-americana foi informada pela tradução dessas obras, que, ao eliminar os conflitos, facilitou a cada vez mais presente dominação cultural dos EUA.

O caráter nitidamente conservador do aspecto lingüístico dessas traduções é mais facilmente percebido em oposição ao que sucedeu com a experimental Poesia Concreta, por exemplo, cujo projeto revolucionário foi expresso em forma de manifesto. Augusto de Campos, Haroldo de Campos e Décio Pignatari concluem seu *Plano-Piloto para a Poesia Concreta* (1958) pregando uma arte revolucionária:

> poesia concreta: uma responsabilidade integral perante a linguagem. realismo total. contra uma poesia de expressão, subjetiva e hedonística. criar problemas exatos e resolvê-los em termos de linguagem sensível. uma arte geral da palavra. o poema-produto: objeto útil.
> *post-scriptum* 1961: "sem forma revolucionária não há arte revolucionária" (Maiacovski) (TELES, 1976: 345).

Os irmãos Campos deram continuidade a essa arte revolucionária por meio de traduções de poesias, buscando reformular a linguagem e traduzindo poetas antes desconhecidos, não canonizados, dos quais "partem vozes insólitas capazes de perturbar a toada e o coro monótonos ouvidos à passagem dos autores mais acomodatícios e mais digeríveis" (CAMPOS, 1989: 9). São exatamente as obras dos autores norte-americanos "acomodatícios" e "digeríveis" que serão ainda mais acomodadas e higienizadas por meio da tradução e adaptação, assunto examinado a seguir.

Fazendo um recorte diacrônico, iniciarei com as obras que foram traduzidas para o português no próprio século XIX em que foram escritas. Mesmo que algumas dessas traduções tenham sido feitas em Portugal, elas deram ao público leitor brasileiro que não tinha domínio da língua inglesa a possibilidade de ler romances de James Fenimore

Cooper e de Harriett Beecher Stowe pouco tempo após sua publicação nos EUA. Embora Edgar Allan Poe também tenha sido traduzido no século XIX, sua obra será examinada adiante, na seção em que serão discutidos os contos.

## THE LAST OF THE MOHICANS

James Fenimore Cooper foi o primeiro escritor norte-americano do século XIX a ser lido no Brasil, com a tradução de *The Last of the Mohicans* (1826), de 1838, feita pelo Dr. Caetano Lopes de Moura. Outra obra do mesmo escritor a ser traduzida para o português é *The Pilot*, uma das 215 traduções que constam do catálogo da Casa Garraux de 1865 e, além dessa, há outros onze títulos que constam do catálogo de 1883 (HALLEWELL, 1985: 228).

Já no século XX, *The Last of the Mohicans*, o romance mais popular de Cooper, teve treze versões brasileiras publicadas. É uma obra de exaltação romântica à natureza e de dramatização das lutas entre os brancos e os índios, durante a colonização do território norte-americano. Embora José de Alencar negasse que tivesse sofrido influência de Cooper, está claro que conheceu tão bem os livros do escritor norte-americano a ponto de identificar divergências entre sua própria obra e a de Cooper e expô-las por escrito. De acordo com Alencar, o indianismo de Cooper tem o caráter documentário, enquanto o seu é essencialmente poético. Assim identificou a diferença entre os dois:

> O Brasil tem, como os Estados Unidos e quaisquer outros povos da América, um período de conquista em que a raça invasora destrói a raça indígena. Essa luta apresenta um caráter análogo pela semelhança dos aborígenes. Assim, o romancista que buscar o assunto do seu drama nesse período de invasão, não pode escapar ao ponto de contacto com o escritor norte-americano. Mas essa aproximação vem da história e é fatal; não resulta de uma imitação (citação de Alencar em nota introdutória de Cassiano Nunes em *O último dos Moicanos I*, 1962: 11).

Mas os dois escritores românticos, além de trabalharem com o mesmo tema, compartilham outras semelhanças: ambos relatam a história dos índios da perspectiva de um branco. São narrativas da dominação racial e política do homem branco, que reduzem o índio a um estereótipo exótico ou erótico, objeto do desejo do personagem principal.

A primeira tradução brasileira do século XX de *The Last of the Mohicans* é de Oswaldo Castro, publicada pela editora Guanabara do Rio de Janeiro, em 1932. Em São Paulo, a Companhia Editora Nacional publicou, três anos mais tarde, o mesmo romance na coleção TERRAMAREAR na tradução "livre" de Agripino Griecco. Essa coleção será examinada no capítulo III, dedicado às adaptações infanto-juvenis. Por ora basta lembrar que os originais publicados pela Companhia Editora Nacional no início do século XX sofreram várias alterações, sem indicações claras para o leitor. O mesmo pode ser dito a respeito da tradução "especial" que José Maria Machado fez para o Clube do Livro, em 1962. As palavras entre aspas – livre e especial – eram eufemismos que significavam que severos cortes haviam sido feitos.[18] O romance também foi publicado em Belo Horizonte, pela editora Itatiaia, e em Porto Alegre, pela editora Globo. A editora paulista Melhoramentos adaptou a obra duas vezes, e a adaptação de Miécio Tati foi publicada pelo maior número de editoras (Abril, Ediouro e Círculo do Livro).

A tradução de Fabio Valente, publicada pelas editoras Jackson e Mérito, em meados da década de 1950, é um exemplo de tradução integral do romance. Os 33 capítulos originais foram mantidos, assim como também foi mantida a estrutura de parágrafos. Apesar dessa intenção expressa de ser fiel ao original, foram eliminadas todas as epígrafes dos capítulos, nas quais Cooper cita um grande número das obras de Shakespeare assim como Bryant, Burns, Gray e outros. Os editores também não se preocuparam em incluir as inúmeras notas da edição de 1831. Registros estilísticos também foram eliminados, como o estranhamento causado pelo texto em francês no original inglês, que, ao ser traduzido para o português, tornou-se um idioma único.

---

[18] A esse respeito ver *O Clube do Livro e a tradução* (MILTON, 2002).

## UNCLE TOM'S CABIN, OR, LIFE AMONG THE LOWLY

*Uncle Tom's Cabin, or, Life Among the Lowly*, de Harriett Beecher Stowe, é um romance que vendeu mais de 300 mil cópias nos Estados Unidos, no ano em que foi publicado. Foi inicialmente publicado como folhetim no *National Era* (1851-52), e o livro saiu em 1852. Embora tenha se tornado um importante instrumento do movimento antiescravagista, não se trata de uma obra revolucionária. O Pai Tomás, protagonista do romance, é o exemplo de escravo negro submisso, leal ao seu dono, e que nada tem em comum com o narrador negro de *My Bondage and My Freedom*, de Frederick Douglass (1817-1895), ou de *Up from Slavery*, de Booker T. Washington (1856-1915) para exemplificar. Douglass, escravo que se tornou escritor, publicou três autobiografias – *Narrative of the Life of Frederick Douglass* (1845), *My Bondage and My Freedom* (1855) e *Life and Times of Frederick Douglass* (1881) – sendo que nenhuma delas foi traduzida (e nem adaptada) no Brasil. Douglass defendia uma política abolicionista para a libertação dos escravos. Booker T. Washington, filho de uma escrava negra com um homem branco, ficou mais conhecido como educador e orador do que como escritor, embora tenha escrito *Up from Slavery* (1901), *The Future of the American Negro* (1899), *Working with the Hands* (1904) e *The Story of the Negro* (1909). Autodidata, foi um dos poucos negros a ter destaque social no período em que viveu. Foi criticado por sua abordagem conservadora na luta pela igualdade racial. Não obstante seu conservadorismo, nem Washington nem Douglass foram traduzidos no Brasil. Essa falta de interesse por parte dos editores pela questão do escravo negro, pela luta por sua libertação e pelo seu papel na sociedade é reveladora de opções ideológicas muito bem definidas. A despolitização do Pai Tomás foi, sem dúvida, mais viável comercialmente e mais potável ideologicamente.

É fato, entretanto, que foi apenas após a publicação de *Uncle Tom's Cabin* que os romancistas antiescravistas se encorajaram a lutar contra a escravidão, ou seja, que surgiram, na literatura brasileira, os personagens do escravo bom e do feitor cruel. De acordo com Alfredo Bosi, *A escrava Isaura*, de Bernardo Guimarães, já foi chamada de *A cabana do pai Tomás* nacional, fato que, na sua opinião, é um exagero (BOSI, 1987: 159). O romance foi traduzido para o português dois anos após sua publicação nos Estados Unidos, por Francisco Ladislau de Andrade, em Paris, e cinco anos mais tarde, em 1856, já havia uma segunda edição, de Lisboa, traduzida por A. Urbano Pereira de Castro. Segundo Seyers, "A famosa fuga de Isaura, de Bernardo Guimarães, de Minas para o Recife, foi talvez sugerida pela fuga de Elisa através dos gelos flutuantes de Ohio para a liberdade no Norte e por fim no Canadá" (SAYERS, in BOSI, 1987: 159).

O exagero de se igualar as duas obras, Bosi explica, está no fato de que Bernardo Guimarães não estava preocupado em denunciar o regime servil, mas em narrar as perseguições de um senhor vilão a Isaura, escrava cuja beleza vinha de uma pele alva, e não negra, como seria de se esperar que seria a pele de um protagonista de um romance abolicionista: "A tez é como o marfim do teclado, alva que não deslumbra, embaçada por uma nuança delicada, que não sabereis dizer se é leve palidez ou cor-de-rosa desmaiada".

O romance *A cabana do pai Tomás* foi traduzido e adaptado por oito escritores brasileiros diferentes durante o século XX, entre eles Octavio Mendes Cajado, Alfredo Gomes, Roney Bristo, Evangelista Prado e Herberto Sales. Em quase todas as edições os 45 capítulos foram reduzidos em número e o texto simplificado, salvo na tradução de Octavio Mendes Cajado, publicada primeiramente em 1962 na coleção SARAIVA e depois pela Ediouro. A "adaptação para a juventude" da editora Melhoramentos tem introdução, 36 capítulos e 8 ilustrações. A edição da Paulinas, lançada na coleção OS GRANDES ROMANCES DO CRISTIANISMO, não traz indicação de que foi condensada e nem de quem a condensou, mas é constituída de apenas 25 capítulos.[19] Na capa do ro-

---

[19] Os objetivos da coleção estão impressos no final do romance: "A presente coleção visa dar ao público as narrações mais sadias e atraentes da literatura mundial. Reúne os grandes romances que se teceram ao redor das origens do Cristianismo, os quais, a par das aventuras mais deliciosas, encaixam os sucessos da pregação de Nosso Senhor e da difusão do

mance publicado na coleção ELEFANTE, da Ediouro, está escrito que se trata de um texto recontado da obra original de Harriet B. Stowe. Há ainda as versões em quadrinhos da edição MARAVILHOSA, da Ebal, e da coleção HISTÓRIAS, da Bruguera.[20]

Uma questão tradutória sobre a qual me debrucei foi o motivo do vocábulo "uncle" do título original ter sido traduzido por "pai". O professor Alfredo Ferreira, na introdução de sua adaptação, faz menção a essa diferença, mas não faz nenhuma alteração, e explica o fenômeno com a asserção: "é como se tornou conhecida entre nós". Minha suposição é que a opção tem suas origens na cultura popular brasileira, na qual a associação da representação do negro com a figura do pai é mais recorrente do que com a do tio. Seja na religião, com o Preto Velho da umbanda, ou nos festejos, com o Pai Francisco do Boi-bumbá, prevalece a linhagem pai-avô, e a adoção desse termo denota uma estratégia facilitadora por parte dos editores ou dos tradutores.

Assim como ocorreu com outras obras proeminentes, *A cabana do pai Tomás* foi adaptada repetidas vezes para o cinema, telenovelas, adaptações infanto-juvenis, histórias em quadrinhos, e imagens, temas e nomes de sua trama foram utilizados em brinquedos, jogos, músicas, anúncios, numa variedade de produtos comerciais. Mas é o único caso que encontrei de obra de ficção que deu nome a uma favela.[21]

As outras seis obras norte-americanas do século XIX que serão examinadas a seguir, e que são *best-sellers* no Brasil, foram traduzidas pela primeira vez no século XX, mais precisamente na década de 1930, quase todas por iniciativa da Companhia Editora Nacional. Monteiro Lobato foi o tradutor, ou melhor, adaptador, de quatro delas (*Call of*

---

Cristianismo no mundo romano, bem como outras obras que exaltam as virtudes familiares e os sentimentos mais nobres do coração humano. A coleção obviará decerto às aspirações de muitos leitores que acharão nela tudo o que pode deleitar a mente e formar no coração sentimentos nobres e generosos. A veste tipográfica, vistosa e sóbria a um tempo, faz com que a presente publicação possa figurar sem desdouro em qualquer biblioteca escolar ou familiar".

[20] Essas duas últimas coleções serão examinadas no capítulo III, no qual serão discutidas as adaptações infanto-juvenis.

[21] A Cabana do Pai Tomás é uma favela na zona oeste de Belo Horizonte.

*the Wild, Adventures of Tom Sawyer, Adventures of Huckleberry Finn* e *Moby-Dick*), número revelador de sua importância no panorama geral da recepção de escritores norte-americanos no Brasil. Das obras que seguem, Lobato apenas não traduziu *Little Women* e *The Prince and the Pauper.*

## LITTLE WOMEN

O romance mais popular de Louisa May Alcott foi publicado originalmente nos Estados Unidos em dois volumes (outubro de 1868 e abril de 1869), o primeiro com o nome de *Little Women, or, Meg, Jo, Beth and Amy*, e o segundo ficou conhecido como *Part Second*. Na Inglaterra, a segunda parte recebeu o nome de *Good Wives*. No Brasil, os editores seguiram o modelo inglês e a segunda parte do livro recebeu nomes como *Boas Esposas, Esposas Exemplares* ou *As mulherzinhas crescem*.

A história de família de Louisa May Alcott teve dezesseis refacções no Brasil (treze da primeira parte e três da segunda). A primeira versão é uma tradução "especial" de Godofredo Rangel, publicada na coleção BI-BLIOTECA DAS MOÇAS, e a mais recente foi publicada na luxuosa coleção OBRAS-PRIMAS UNIVERSAIS da editora Melhoramentos, em 2002.[22] Os títulos das edições brasileiras tiveram pequenas variações: *Mulherzinhas, Quatro irmãs, As filhas do Dr. March* e *Adoráveis mulheres*. As principais editoras de literatura estrangeira traduzida como Companhia Editora Nacional, Saraiva, Paulinas, Ebal, Ediouro, Clube do Livro e Globo têm em seu catálogo uma versão da obra. No final do século XX, ou a partir de 1995, mais precisamente, *Little Women* foi traduzido seis vezes no Brasil, fato que se constitui em curiosa coincidência editorial.

O relato que Louisa May Alcott faz de sua infância nesse romance é bastante diferente do relato da mesma infância que faz em *Transcendental Wild Oats* (1873). Neste último, que ainda não tem tradução brasileira, a escritora relata a vida na comunidade utópica de Fruitlands, na qual

---

[22] Essa coleção também será examinada mais detalhadamente no capítulo sobre as adaptações infanto-juvenis.

viveu com sua família quando tinha onze anos. Em *Little Women* as personagens são crianças bem intencionadas, mas imperfeitas. O aprendizado para alcançarem uma formação moral adequada é lento e gradual, e só se realiza com a supervisão dos adultos. Há um episódio, logo no início do romance, em que a mãe dispensa as filhas de suas obrigações domésticas rotineiras para ensinar-lhes o valor do trabalho. Entediadas e aborrecidas com a desordem da casa, as meninas aprendem que não é possível ser feliz negligenciando-se os simples deveres domésticos. As alegres irmãs Jo, Amy, Beth e Meg também diferem das personagens de *Work* (1873), sem tradução brasileira, um texto mais feminista da mesma autora, escrito quando voltou da Europa, onde tinha aderido ao movimento sufragista feminino.

Comparando-se *Little Women* com *The Awakening*, de Kate Chopin, outra obra norte-americana também de uma escritora do século XIX, percebe-se a política editorial de publicar textos que reforçassem o estereótipo da conduta exemplar. A otimista Sra. March, mãe das "mulherzinhas", em nada se parece com Edna Pontellier, personagem de Chopin, infeliz em seu casamento com Léonce Pontellier, um homem vinte anos mais velho que só se interessa pelos negócios e por suas respeitabilidades. Edna apaixona-se por outro homem, Robert Lebrun. Na impossibilidade de viver seu amor, abandona marido e filhos e suicida-se, atirando-se ao mar. Essa última trama foi traduzida apenas uma vez,[23] e no final do século XX, mais exatamente em 1994, quando discorrer sobre o adultério não mais ameaçava a instituição do casamento e, portanto, não entrava mais em choque com os padrões de boa conduta.

---

[23] *O despertar*, tradução de Celso Paciornik, publicado pela Estação Liberdade.

## THE CALL OF THE WILD

Outra história norte-americana muito divulgada no Brasil é *The Call of the Wild*, de Jack London. A popularidade da história do cachorrinho, que teve nove versões brasileiras diferentes, contrastada com a não tradução de duas obras de Jack London de cunho socialista, permite que se infira que há uma opção ideológica bem definida. *The People of the Abyss* (1903), do mesmo autor, é um relato da vida nos cortiços de Londres e *The Iron Heel* (1908) é um romance no qual uma organização trabalhista é destruída pela oligarquia capitalista global. Este último foi traduzido para o português por Guaraci Edu, e publicado pela Livraria Exposição do Livro, com o título de *Tacão de ferro*. Apesar disso, Jack London ficou mais conhecido por contar sempre de novo a história de Buck, um cachorro treinado para conduzir trenós e que faz peripécias em sinal de lealdade a seu dono, Thornton. Quando índios matam seu dono, o cão atende ao chamado selvagem, abandona a civilização humana e "obedece à lei da selva: matar ou morrer, devorar ou ser devorado".

A primeira tradução brasileira de *The Call of the Wild* é de 1935, feita por Monteiro Lobato e publicada na coleção PARATODOS, da Companhia Editora Nacional, com o título de *Grito da selva*. Os tradutores não chegaram a um consenso sobre o significado do título original e Clarice Lispector, por exemplo, intitulou sua versão de *Chamado selvagem*, adotado por mais dois tradutores. Na versão do Clube do Livro a obra se chama *Vozes da floresta*, e Rui Silva batizou-a de *Apelo da selva*. A ambigüidade do termo "call", que pode significar um grito ou uma voz, mas também apelo ou chamada, criou logo de início um desafio aos tradutores, que se viram obrigados a optar por uma das acepções.

## MOBY-DICK, OR THE WHALE

*Moby-Dick*, de Herman Melville, é outro título cobiçado pelos editores, campeão de vendas, com dezesseis versões diferentes, a maior parte delas dirigidas ao público infanto-juvenil. As traduções e adaptações da obra de Melville foram discutidas em minha dissertação de mestrado, só cabendo uma breve observação sobre esta obra neste trabalho, com destaque para os aspectos ideológicos de tais traduções. [24]

Há apenas duas traduções integrais da obra, a de Berenice Xavier, publicada inicialmente pela José Olympio em 1950, e, posteriormente, lançada por outras editoras como a Francisco Alves, Ediouro e Publifolha, e a de Péricles Eugênio da Silva Ramos, tradutor da Abril Cultural, cuja primeira edição saiu em 1972.

Há duas diferentes "condensações disfarçadas"[25] de *Moby-Dick*: a de Monteiro Lobato e Adalberto Rochsteiner, da Companhia Editora Nacional, de 1935, e a "tradução especial" de José Maria Machado, do Clube do Livro, de 1957. Essas duas versões são condensações, embora não haja nenhuma indicação de que o texto original foi modificado.

Além dessas, há doze versões dirigidas ao público infanto-juvenil. A primeira edição infanto-juvenil brasileira é uma versão em quadrinhos de 1948, ilustrada por Louis Zansky, da Brasil-América, traduzida de uma versão da *Classic Comics*. Em 1962 duas editoras lançam suas versões simultaneamente: a Melhoramentos, com a adaptação de Maria Teresa Giacomo, e a Record, com a adaptação de Francisco da Silva Ramos. Na década de 1970 novas adaptações foram lançadas, sendo a primeira de Carlos Heitor Cony, da Ediouro, a de Francisco Manuel da Rocha, da Bruguera e da Abril, a tradução da adaptação em quadrinhos de Irwin Shapiro, da Hemus. As edições mais recentes são a adaptação de Werner Zotz, da Scipione, de 1985, a de Yone Quartim, da Tempo Cultural, de 1989, a tradução dos quadrinhos de Bill Sienkiewicz, da Abril, de 1990, a condensação de Luiz Antonio Aguiar, da Melhoramentos, e a de José Alberto Campos, da Consultor, ambas de 1997, e a tradução dos quadrinhos de Will Eisner, da Companhia das Letrinhas, de 1998.

---

[24] Hirsch, I. *A baleia multiplicada: traduções, adaptações e ilustrações de Moby-Dick*, dissertação de mestrado não publicada.

[25] Utilizo aqui a categorização que J. Milton faz dos clássicos, segundo a qual haveria três tipos de traduções: a tradução completa, a condensação disfarçada e a condensação explícita (Milton, 2002: 94).

68 IRENE HIRSCH

Nessas adaptações prioriza-se o aspecto episódico, ou seja, enfatiza-se a perseguição do capitão Ahab à baleia, que é também um tema que não é revolucionário e que não apresenta desafios à ordem estabelecida. Nesse sentido, a simplificação da obra, com destaque para a convencionalidade temática de *Moby-Dick,* faz com que a obra se equipare aos outros romances norte-americanos do século XIX mais traduzidos e mais vendidos no Brasil. A padronização do romance, além de atender a uma política editorial, atende também a um código ideológico muito bem delimitado.

## MARK TWAIN

Pseudônimo de Samuel Langhorne Clemens (1835-1910), Mark Twain é o autor norte-americano que foi traduzido o maior número de vezes no Brasil. Contista humorístico e autor de vários romances, ficou mais conhecido por ter escrito *The Adventures of Huckleberry Finn, The Adventures of Tom Sawyer* e *The Prince and The Pauper.* São 27 ao todo as traduções brasileiras dessas três obras, várias delas publicadas mais de uma vez por diferentes editoras. *Tom Sawyer* foi traduzido doze vezes, *O príncipe e o pobre* oito vezes e *Huck* aparece em sete versões brasileiras.

As duas aventuras (de Tom Sawyer e de Huck) são romances inspirados em sua juventude. Ambos relatam as peripécias de dois meninos, em uma cidade do Mississippi. No entanto, em *As aventuras de Huck,* romance escrito dezoito anos após *As aventuras de Tom Sawyer,* Mark Twain abandona o tom condescendente inicial e opta por uma narrativa na primeira pessoa em um texto repleto de variedades dialetais. O narrador, Huck, é um menino sem escolaridade, portanto o que caracteriza o texto são os desvios da norma. Twain busca reproduzir a linguagem oral para caracterizar seus personagens e logo na introdução explica que emprega o dialeto negro do Missouri, o dialeto do "Pike-County" e quatro versões diferentes do último. A reprodução desses vários dialetos em outra língua constitui um grande desafio para os tradutores de qualquer idioma, e os primeiros tradutores brasileiros, Monteiro Lobato e Alfredo Ferreira, optaram por não empregar desvios das regras gramaticais ou grafia incorreta. Outro tradutor, Sergio Flaksman, em 1996, discute a questão da tradução dessa obra em nota introdutória, afirmando que "os tempos modernos permitiam um atrevimento maior, e tomei a decisão consciente de tornar o texto da minha tradução ainda mais coloquial". Ainda que tenha traduzido uma das frases iniciais do romance com um erro intencional – "A viúva Douglas me pegou para criar como filho dela, e resolveu que ia me sivilizar" – sua tradução é uma tímida tentativa de encontrar uma solução para a delicada questão da tradução de dialetos, como se pode perceber no trecho transcrito a seguir:

> "Doan' you 'member de house dat was float'n down de river, en dey wuz a man in dah, kivered up, en I went in en unkivered him and didn' let you come in? Well, den, you kin git yo' money when you wants it, kase dat wuz him."
>
> Tom's most well now, and got his bullet around his neck on a watch-guard for a watch, and is always seeing what time it is, and so there ain't nothing more to write about, and I am rotten glad of it, because if I'd a knowed what a trouble it was to make a book I wouldn't a tackled it, and ain't a-going to no more. But I reckon I got to light out for the Territory ahead of the rest, because Aunt Sally she's going to adopt me and sivilize me, and I can't stand it. I been there before.

> "Lembra daquela casa que a gente encontrou boiando no rio, e que dentro tinha um homem morto, coberto, que eu entrei, descobri e não deixei você entrar? Então você pode pegar o seu dinheiro quando quiser; porque aquele homem era ele."
>
> Agora, o Tom já está quase curado, e carrega a bala pendurada no pescoço, presa numa corrente de relógio, e toda hora olha para ver que horas são. Então não tenho mais nada para contar, e ainda bem, porque se eu soubesse como era difícil escrever um livro eu não tinha nem começado, e nunca mais torno a tentar. Mas acho que vou ter que ir embora para o Território Índio antes dos outros, porque a tia Sally está querendo me adotar e sivilizar, e eu não agüento. Já passei por isso. (FLAKSMAN, 1996: 315).

Como se pode constatar, não há rupturas significativas da norma culta em tal tradução, ainda que o tradutor tenha sugerido que assim iria proceder. Nas versões de *Huckleberry Finn* de importantes tradutores como Monteiro Lobato, Herberto Sales, José Maria Machado e Alfredo Ferreira, não foi feita nenhuma tentativa de traduzir os dialetos, que são uma marca distintiva da obra de Twain.

Outro componente importante que foi eliminado da adaptação para jovens, de Herberto Sales, é a dimensão política do original, o antiescravagismo. Segundo John Milton, a omissão do capítulo XXXI, no qual Huck reflete se deve ou não entregar Jim, é uma mostra significativa da despolitização da obra (MILTON, 2002: 111).

Carlos Heitor Cony é outro destacado adaptador das obras de Mark Twain no Brasil. Várias de suas adaptações foram feitas para a Ediouro, entre elas, *Um ianque na corte do rei Artur, As aventuras de Tom Sawyer, Tom Sawyer detetive, O diário de Adão e Eva* e *O roubo do elefante branco*, que é uma reunião de vários contos. Araújo Nabuco também foi tradutor de um grande número de contos, que foram inicialmente publicados pela Cultrix e, em seguida, pela Ediouro e pelo Círculo do Livro. Dentre as editoras responsáveis pela apresentação de Mark Twain ao público brasileiro, além da Cia. Editora Nacional, destaca-se a Casa Vecchi, que já na primeira década do século XX havia publicado cinco dos principais livros do autor, na coleção Os AUDAZES.

Encontram-se, além dessas, várias outras obras de Twain em português, como *Tom Sawyer Abroad, A Murder, a Mystery and a Marriage, The Mysterious Stranger, The Personal Recollections of Joan of Arc*.

Finalizando, podemos concluir que, no caso das traduções brasileiras da obra de Mark Twain, o caráter conservador manifestou-se mais claramente na submissão à norma culta por parte dos tradutores e editores, que optaram por anular o experimentalismo e a inovação lingüística do autor, especialmente no que se refere a *The Adventures of Huckleberry Finn*.

## Os romances traduzidos com menor freqüência

Vários são os romances de autores norte-americanos do século XIX que foram traduzidos apenas uma vez no Brasil. Os motivos dessa escassez de traduções são diversos: seja porque eram obras consideradas menores nos EUA, ou então porque eram obras de escritores profícuos, com muitas obras a serem traduzidas, ou então ainda por tratarem de temas impróprios. Além disso, há que se considerar também a viabilidade econômica, ou seja, romances muito extensos, com poucas chances de retorno financeiro, eram descartados.[26]

Escritoras mulheres foram pouco traduzidas, apenas uma ou duas vezes. Há apenas uma tradução de *Rebecca of Sunnybrook Farm* (1903) e *Mother Carey's Chickens* (1911) de Kate Douglas Wiggin (*Rebeca do vale do sol*, tradução de Virginia Lefevere e *Sonho de moça*, tradução de Agripino Griecco, sem data), de *Retribution* (1849) de Emma Southworth (*A sogra*, tradução de Oliveira Ribeiro Neto, sem data), quase todas publicadas na coleção Biblioteca das Moças, da Companhia Editora Nacional.[27] São todos romances sentimentais com forte apelo melodramático, cuja temática não ofende as normas de boa conduta. *Rebeca do vale do sol* é a história de uma menina pobre do campo que acaba se tornando uma princesa, e *Sonho de moça* é a história de uma viúva generosa e seus vários filhos. *A sogra*, assim como as outras histórias, é constituída de uma trama doméstico-sentimental.

Outras escritoras traduzidas tardiamente e com parcimônia no Brasil, por que utilizaram temas mais ousados como infidelidade feminina, por exemplo, foram Kate Chopin e Edith Wharton. O romance de Kate Chopin, *The Awakening* (*O despertar*, tradução de Celso Paciornik,

---

[26] Foi o que aconteceu inicialmente com *Gone with the Wind* (1936), de Margareth Mitchell, que foi rejeitado por várias editoras como a Globo, de Erico Veríssimo, a José Olympio e a Civilização Brasileira por motivos semelhantes: longo demais, mal escrito, assunto impopular. Coube à emergente Pongetti Irmãos publicar a tradução de Francisca de Bastos Cordeiro, uma escritora menor. Apesar do alto custo, as vendas do livro foram um estouro que garantiram o sucesso da editora (Hallewell, 1985: 360).

[27] Apenas *Rebeca do vale do sol* é uma publicação da Ediouro, na série Calouros.

1994), é um exemplo de romance com tema impróprio, e provavelmente foi esse o motivo de só ter sido tardiamente traduzido. Da obra de Edith Wharton apenas *House of Mirth* (*Eu soube amar*, de Rachel de Queiroz, 1940), *The Bucaneers* (*Os bucaneiros*, de Laura Alves e Aurélio Rebello, 1995), *The Age of Innocence* (*Época da inocência*, de Seini Campos, 1993) e *Ethan Fromme* (*A casa dos mortos*, de Moacir Werneck Castro, 1947, e *Ethan Frome*, de Donaldson Garshagen, sem data) foram traduzidos, sendo que apenas este último ganhou mais de uma versão.

Richard Dana é um escritor praticamente desconhecido no Brasil. Apenas *Two Years Before the Mast* (1840) foi traduzido por Persiano da Fonseca e publicado na coleção Os AUDAZES, da Vecchi, com o título *A hiena dos mares*. Trata-se do relato pessoal da experiência de dois anos do autor no mar, escrito em forma de diário. Também *The White Sister* (1909) de Francis M. Crawford (*A irmã branca*, de Euclides Andrade) foi traduzido apenas uma vez e publicado na BIBLIOTECA DAS MOÇAS. *A irmã branca* é a história de uma freira que fica dividida entre sua devoção à religião e o amor que sente por um antigo namorado.

Outro autor pouco conhecido no Brasil é Washington Irving. Apenas *Rip van Winkle* (1819), *The Legend of Sleepy Hollow* (1820), *A Chronicle of the Conquest of Granada* (1829) e alguns trechos de *Alhambra* foram traduzidos. Irving aparece como escritor de prosa curta em coletâneas como *As melhores histórias insólitas*, com o conto "A ilha fantasma"; na coleção BIBLIOTECA INTERNACIONAL DE OBRAS CÉLEBRES, com os contos "Lenda do astrólogo árabe" e "Lenda do legado mouro"; e na coletânea *Maravilhas do conto norte-americano*, com "O espectro do noivo". Sua obra mais popular no Brasil foi *Rip van Winkle*, que recebeu cinco versões diferentes feitas por Monteiro Lobato (publicada pela Leitura), por Alfredo Ferreira (Vecchi), por Renato Guimarães (Civilização Brasileira), por Tatiana Belinky (Ática), e, finalmente, por Paulo Rónai e Aurélio Buarque (José Olympio).

Um escritor com vasta obra e com vários títulos traduzidos apenas uma vez é Henry James: *The Portrait of a Lady* é um exemplo de uma obra importante de um escritor conhecido que foi traduzida apenas uma vez. No entanto, isso não quer dizer que toda a sua obra tenha merecido pouca atenção por parte dos editores; "The Turn of the Screw", sua obra mais popular no Brasil, tem seis versões diferentes.[28]

Vários textos de Henry James, assim como de outros escritores, foram agrupados pelos editores sob o título de "novelas", como, por exemplo, *Sete novelas clássicas* (Lidador) ou *Novelas inglesas* (Cultrix). Tentar definir as diferentes formas de ficção em prosa curta não é tarefa fácil, pois as características dos contos ou das novelas tendem a ser as mesmas: brevidade, economia e unidade de efeito, em oposição aos romances, ficção em prosa mais longa. A rigor, não há um número exato de palavras que permita delimitar a diferença entre os gêneros, não sendo também a extensão da obra, portanto, um critério claro. Charles May, numa recente obra sobre o gênero, busca definir a diferença entre os dois tipos de ficção em prosa pelo tipo de experiência encontrada:

> Minha tese é que a ficção em prosa longa, por causa de sua extensão, requer um assunto e um conjunto de convenções artísticas que têm sua origem na, ao mesmo tempo em que também estabelecem a primazia da, "experiência" conceitualmente criada e considerada; enquanto a ficção em prosa curta, por causa de sua extensão, requer um assunto e um conjunto de convenções artísticas que têm sua origem em, e estabelecem a primazia de, "uma experiência" encontrada e criada emocionalmente e diretamente (MAY, 1994: 133).[29]

---

[28] O título foi traduzido no Brasil por *A volta do parafuso, Outra volta do parafuso* e também por *Os inocentes*, por Brenno Silveira, Olívia Krähenbühl, Marques Rebelo, Wallace Rodrigues, Cláudia Lopes. Foi publicado nos EUA inicialmente em partes no *Collier's Weekly*. O conto é sobre uma governanta que vai cuidar de duas crianças, Flora e Miles, em uma propriedade isolada, na Inglaterra. Seu patrão, o tio, dera-lhe ordens para não ser incomodado por causa das crianças. Ela procura salvar Flora e Miles da influência de Peter Quint e Miss Jessel, antigos empregados da casa que aparecem como fantasmas. No final do relato Miles morre em seus braços.

[29] My thesis is that long fiction, by its very length, demands both a subject matter and a set of artistic conventions that is primarily derived from and in turn establish the primacy of "experience" conceptually created and considered; whereas short fiction, by its very length, demands both a subject matter and a set of conventions that derive from and establish the primacy of "an experience" directly and emotionally created and encountered. (Minha tradução)

## 74    IRENE HIRSCH

Neste trabalho abandonei qualquer tentativa de classificar a prosa de Henry James, e considerei apenas o número de vezes que constou em publicações brasileiras, as quais, em vários casos, constituíram-se de mais de uma obra do autor – exemplos são *Daisy Miller* e *Um incidente internacional*, da Imago, *Lady Barberina* e *Outra volta do parafuso*, da Abril, ou ainda *Vida privada* e *outras histórias*, da Nova Alexandria.

Do autor, as obras traduzidas apenas uma vez no Brasil foram: *Os europeus* (Ediouro), *Daisy Miller* (Imago), *Pelos olhos de Maisie* (Companhia das Letras), *Roda do tempo* (Civilização Brasileira), *Brooksmith* (José Olympio – Ediouro), *Lady Barberina* (Civilização Brasileira), *A morte do leão* (Companhia das Letras), *A bela esquina* (Olavobras), *O pupilo* (Imago), *Um peregrino apaixonado* (Martins), *A madona do futuro* (Imago), *A vida privada* (Nova Alexandria), *Sir Edmund Orme* (Companhia das Letras), *A coisa realmente certa* (Companhia das Letras), e *O romance de uns velhos vestidos* (Sociedade Internacional).[30]

Outras obras do autor com mais de uma tradução, além de *The Turn of the Screw*, são *Washington Square* e *The Lesson of the Master*, com três traduções cada, e *The Beast in the Jungle*, *The Portrait of a Lady*, *The Aspern Papers*, *An International Episode*, *Four Meetings*, *The Figure in the Carpet*, *The Great Good Place* com duas traduções cada. Ou seja, a vasta obra de Henry James, constituída de mais de 130 romances, novelas e contos, foi parcialmente traduzida no Brasil, sendo que algumas poucas foram traduzidas mais de uma vez. Além disso, cumpre observar que, em sua grande maioria, foram traduzidas após os anos de 1960; até então, portanto, Henry James era um escritor praticamente desconhecido do público leitor brasileiro.

---

[30] Uma das primeiras histórias românticas escritas por James, que se passa na New England do século XVIII, com elementos sobrenaturais definindo a trama.

## Os contos norte-americanos

Edgar Allan Poe é o escritor norte-americano de contos mais traduzido no Brasil. Considerado um mestre do gênero, Poe foi também poeta e crítico. Em sua teoria do conto, privilegiou uma estrutura narrativa sintetizada em um único efeito, com um preparo para o desenlace. Considerava somente a narrativa curta, que pudesse ser lida sem interrupções, uma forma de arte superior.

> Um hábil artista literário cria um conto. Se for sensato não molda suas idéias para que se conciliem com seus incidentes, mas, após ter criado com muito cuidado um certo *efeito* único e singular a ser trabalhado, ele inventa tais incidentes – ele combina estes eventos da forma que melhor lhe aprouver para conseguir o efeito preconcebido (POE, in MAY, 1994: 61).[31]

Foi como poeta que ficou conhecido pelos brasileiros no próprio século XIX em que viveu. Como dito anteriormente, é de 1883 a famosa tradução que Machado de Assis fez de "The Raven", poesia que também foi traduzida por Fernando Pessoa, entre outros.

A ficção em prosa curta de Poe é povoada de presságios e premonições. Suas incursões pelo sobrenatural incluem temas como a hipnose, a telepatia, o sonambulismo, os fantasmas, as almas penadas, a transmigração dos espíritos e as assombrações; terror e angústia estão presentes em toda obra, a qual reúne várias tendências do romance gótico inglês.

Nos Estados Unidos, seus contos foram inicialmente publicados nas revistas para as quais trabalhou, e em seguida foram agrupados em coletâneas das mais diversas. No Brasil, foram selecionados, reunidos

---

[31]A skilful literary artist has constructed a tale. If wise, he has not fashioned his thoughts to accommodate his incidents; but having conceived, with deliberate care, a certain unique or single effect to be wrought out, he then invents such incidents – he then combines such events as may best aid him in establishing this preconceived effect. (Minha tradução)

76    IRENE HIRSCH

e traduzidos obedecendo a diferentes padrões editoriais. A tradução da editora Globo, de 1944, feita por Oscar Mendes e Milton Amado, compreende quase a obra total do escritor e para tal foi utilizada a edição norte-americana *The Complete Tales and Poems of Edgar Allan Poe*, possivelmente da Modern Library, de 1938. Esta não foi a primeira tradução brasileira, mas, segundo atestam os tradutores em "Nota explicativa", as traduções anteriores, editadas pela Livraria Garnier e pela Companhia Melhoramentos, eram traduções da tradução de Baudelaire, "padecendo dos mesmos defeitos, erros, omissões e incompreensões, que infirmam por vezes aquela", exemplo da hegemonia cultural francesa do período. Oscar Mendes e Milton Amado fizeram o trabalho em conjunto, mas as poesias foram traduzidas exclusivamente pelo último. Declaram de início intenção de fidelidade ao texto original:

> Preferimos manter-nos fiéis à nossa concepção de tradução, já experimentada (e com louvores da crítica, digamo-lo sem vaidade) em outros trabalhos dessa espécie, e seguir a lição admirável de Baudelaire que, não obscuro operário das letras como nós, mas grande poeta e grande artista, não fez, como muita gente pensa, da sua tradução de algumas obras de Poe, algo de caracteristicamente baudelairiano, uma realização nova e pessoal, mas se cingiu, modesta e fielmente, aos originais poescos, numa versão, na quase totalidade das vezes, justalinear (POE, 1944: 9).

O conto de Edgar Allan Poe mais popular no Brasil é "The Cask of Amontillado", que foi traduzido doze vezes, seguido por "The Murders in the Rue Morgue", traduzido por onze tradutores diferentes. Este último, em conjunto com "The Purloined Letter" (também com onze traduções) e "The Mystery of Marie Roget" (cinco traduções) formam uma trilogia que deu origem ao conto policial, e talvez por isso receberam tanto interesse por parte dos editores. A Boa Leitura Editora, por exemplo, fez uma edição com esses três contos acrescida de "The Gold Bug", conto traduzido onze vezes. "The Black Cat" também foi traduzido caudalosamente, por nove tradutores diferentes. Com mais de cinco traduções distintas há "The Fall of the House Usher", "The Man of the Crowd", "Ms Found in a Bottle", "The Pit and the Pendulum" e "William Wilson".

Além de Oscar Mendes e Milton Amado, importantes personalidades literárias traduziram e adaptaram Poe, como José Paulo Paes, Octavio Mendes Cajado, Brenno da Silveira, Clarice Lispector, José Maria Machado, Paulo Rónai, Aurélio Buarque de Hollanda, entre outros. A iniciativa da editora Globo em verter a obra quase completa de Poe não foi repetida por nenhuma outra editora, e o direito sobre suas traduções foi vendido para outras editoras como a Ediouro, a Três, a Nova Fronteira, que publicaram parte dos contos, e para Nova Aguilar,[32] que lançou a elegante *Ficção completa, poesias e ensaios de Edgar Allan Poe*. Também foram cedidos para a Abril, Círculo do Livro e Nova Fronteira os direitos de publicação de *Histórias extraordinárias* (*Tales of the Grotesque and the Arabesque*), que Brenno da Silveira traduziu para a Civilização Brasileira. José Paulo Paes traduziu dezoito contos para a Cultrix, publicados como *Histórias extraordinárias*, e Octavio Mendes Cajado fez as traduções de *Histórias célebres de Edgard Allan Pöe* (sic), da Saraiva.

As traduções mais antigas que encontrei foram *Novellas extraordinárias*, da Weiszflog Irmãos Incorporada (Melhoramentos), com prefácio assinado pelo historiador Affonso de E. Taunay (1876-1958), e (infelizmente) sem data. É o livro 3, da série 2, *Histórias Maravilhosas*, da Bibliotheca da Adolescencia, com cinco "dos mais famosos" contos de Poe traduzidos.

A obra de Poe também foi adaptada para o público juvenil: a editora Abril publicou uma versão em quadrinhos de "The Fall of the House of Usher", na coleção Classics Illustrated; a Hemus publicou *O melhor de Poe*; e a Ebal publicou três títulos em sua Edição Maravilhosa, *O*

---

[32] A Nova Aguilar está descrita como uma editora que publica "Obras clássicas da literatura universal, em edições luxuosamente encadernadas, gravadas em ouro, impressas em papel bíblia e com fita marcadora de seda" (http://www.ufes.br/~lesef/links.htm#8).

*escaravelho de ouro, Mistérios famosos* e *Novelas*. Além dessas, há a série ELEFANTE da Ediouro, com as adaptações de Marques Rebelo (*O passageiro clandestino*), e de Clarice Lispector (*O gato preto e outras histórias de Allan Poe*). As traduções "especiais" do Clube do Livro – *Novelas extraordinárias* e *Thingum Bob* – excepcionalmente não são adaptações, mas versões em português do texto integral.

Há vários livros nos quais apenas um ou dois contos de Poe foram publicados, como *O relato de Arthur Gordon Pym*, traduzido por Arthur Nestrovski, da L&PM Pocket, ou então *Os assassinatos na Rua Morgue*, tradução de Erline Santos, Ana Maria Murakani e Samantha Batista, da Paz e Terra. Mas Poe aparece, sobretudo, nas antologias mistas, nas coletâneas de diversos autores norte-americanos, e também em coletâneas temáticas – coleções de terror, de amor, de humor, de viagem, e até mesmo junto a contos bíblicos.

Os obstáculos que Poe coloca para o tradutor nem sempre são considerados transponíveis. Oscar Mendes e Milton Amado apontam para dificuldades tradutórias como trocadilhos, jogos de palavras e a deformação propositada de nomes ingleses presentes nos contos humorísticos, que os obrigaram a fazer substituições.

É justamente a essa dificuldade de se render em português o complicado texto do autor que atribuo o fato de um conto de Poe, intitulado "X-ing a Paragrab", nunca ter sido traduzido pelas editoras brasileiras, que se sujeitaram assim a uma espécie de censura lingüística. Mais uma vez, a submissão à norma culta é responsável por uma omissão, solidificando a atitude hostil em relação às inovações nas traduções de ficção em prosa. Os experimentais malabarismos lingüísticos de Poe, como se pode perceber já no título do conto e no fragmento transcrito a seguir, foram banidos das publicações em língua portuguesa:

> 'I shell have to x this ere paragrab,' said he to himself, as he read it over in astonishment, 'but it's jest about the awfulest o-wy paragrab I ever did see': so x it he did, unflinchingly, and to press it went x-ed.
>
> Next morning the population of Nopolis were taken all aback by reading in 'The Tea-Pot,' the following extraordinary leader:

'Sx hx, Jxhn! hxw nxw? Txld yxu sx, yxu knxw. Dxn't crxw, anxther time, befxre yxu're xut xf the wxxds! Dxes yxur mxther knxw yxu're xut? Xh, nx, nx!- sx gx hxme at xnce, nxw, Jxhn, tx yxur xdixus xld wxxds xf Cxncxrd! Gx hxme tx yxur wxxds, xld xwl,- gx! Yxu wxn't? Xh, pxh, pxh, Jxhn, dxn't dx sx! Yxu've gxt tx gx, yxu knxw, sx gx at xnce, and dxn't gx slxw; fxr nxbxdy xwns yxu here, yxu knxw. Xh, Jxhn, Jxhn, Jxhn, if yxu dxn't gx yxu're nx hxmx- nx! Yxu're xnly a fxwl, an xwl; a cxw, a sxw; a dxll, a pxll; a pxxr xld  gxxd-fxr-nxthing-tx-nxbxdy, lxg, dxg, hxg, xr frxg, cxme xut xf a Cxncxrd bxg. Cxxl, nxw- cxxl! Dx be cxxl, yxu fxxl! Nxne xf yxur crxwing, xld cxck! Dxn't frxwn sx- dxn't! Dxn't hxllx, nxr hxwl, nxr grxwl, nxr bxw-wxw-wxw! Gxxd Lxrd, Jxhn, hxw yxu dx lxxk! Txld yxu sx, yxu knxw,- but stxp rxlling yxur gxxse xf an xld pxll abxut sx, and gx and drxwn yxur sxrrxws in a bxwl!' (POE, 1975: 364).

Outro escritor norte-americano que se notabilizou como contista, e que também foi fartamente traduzido no Brasil, é O. Henry, pseudônimo de William Sidney Porter. O. Henry escreveu ao todo cerca de 270 histórias, combinando realismo com finais surpreendentes. Segundo Eichenbaum, é a partir da década de 1880, com O. Henry e Mark Twain, que a literatura norte-americana, construída sobre o princípio da unidade estrutural e centralizada no efeito final, caminha em direção à anedota, introduzindo elementos de paródia e de ironia:

O verdadeiro O. Henry encontra-se na ironia que permeia suas histórias, com uma percepção aguçada da forma e das tradições. Os americanos não conseguem evitar o desejo de mostrar uma semelhança entre a perspectiva de O. Henry e a de Shakespeare – é o seu jeito de expressar o "orgulho nacional". O leitor russo, no caso, não liga para comparações. Ele lê O. Henry porque é divertido lê-lo, e gosta daquilo que falta em nossa literatura – engenho na construção, sagacidade nas situações e nos desenlaces, concisão e rapidez na ação. Separadas de suas tradições nacionais, as histórias de O. Henry, assim como a obra de qualquer escritor em solo estrangeiro, dão a impressão de ser um gênero completo, acabado, e fazem um contraste em nossas mentes com a fluidez e indeterminação tão evidentes hoje [em 1925] em nossa literatura.[33]

Encontrei 53 contos de O. Henry traduzidos, sendo que alguns de seus contos mais conhecidos como "A Retrieved Reformation", "After Twenty Years", "The Cop and the Anthem", "The Furnished Room", "The Gift of the Magi", "The Last Leaf" foram os que tiveram mais traduções, cerca de três cada.

"The Furnished Room", conto de O. Henry que não é humorístico, mas trágico, foi traduzido seis vezes e nenhum dos seis tradutores manteve a caracterização das personagens. Duas vizinhas, Mrs. Purdy e Mrs. McCool, comentam o suicídio de uma inquilina, e seu diálogo é escrito com transgressões à norma, por se tratar de personagens com sotaque irlandês, característica que desapareceu em português. No texto dos tradutores brasileiros as duas senhoras têm a mesma nacionalidade que o narrador e o personagem principal.

> 'Rooms,' said Mrs. Purdy, in her furriest tones, 'are furnished for to rent. I did not tell him, Mrs. McCool.'
>
> ' 'Tis right ye are, ma'am; 'tis by renting rooms we kape alive. Ye have the rale sense for business, ma'am. There be many people will rayjict the rentin' of a room if they be tould a suicide has been after dyin' in the bed of it,'

---

[33] The real O. Henry is found in an irony pervading all his stories, in a keen feeling for form and traditions. Americans cannot help wanting to prove a resemblance in outlook between O. Henry and Shakespeare – it is their way of expressing "national pride." As for the Russian reader, he, in this instance, does not care about comparisons. He reads O. Henry because it is entertaining to read him and he appreciates in O. Henry what is so lacking in our own literature – dexterity of construction, cleverness of plot situations and denouements, compactness and swiftness of action. Torn from their national traditions, the stories of O. Henry, as is true of the works of any writer on foreign soil, give us the feeling of being a finished, complete genre, and they contrast in our minds with that fluidity and vagueness now[ in 1925] so evident in our literature. (Minha tradução)

(EJXENBAUM, 1968: 2-4, in http://ppl.nhmccd.edu/~dcox/ohenry/crit8.html)

'As you say, we has our living to be making,' remarked Mrs. Purdy. (HENRY, 1995: 80).

— Quartos — disse Mrs. Purdy, com sua voz mais felpuda — são mobiliados para alugar. Não contei nada, Mrs. McCool.
— Tem toda a razão; é alugando cômodos que ganhamos a vida. Tem muito jeito para negócios, dona. Muita gente recusaria um quarto ao saber que alguém se suicidou na própria cama que ali está.
— Como diz, temos que ganhar a vida — observou Mrs. Purdy. (trad. José Paulo Paes, Cultrix, p. 93).

— A gente mobilia os quartos é para alugá-los — afirmou a Srª Purdy em seu tom mais forrado. — Eu não lhe disse nada, Srª McCool.
— A senhora tem razão. A gente vive é de alugar quartos. A senhora tem mesmo o senso do negócio. Há muita gente por aí que recusa um quarto se lhe dizem que um suicida morreu na cama.
— Como diz a senhora, a gente tem de cuidar da vida — observou a Srª Purdy (trad. Paulo Rónai e Aurélio Buarque de Hollanda, Ediouro, p. 141).

— Os quartos mobiliam-se para serem alugados — disse a Senhora Purdy com voz pastosa. — Não lhe disse uma palavra, Senhora McCool.
— Tem razão, nós vivemos do aluguel dos quartos mobiliados. Devo confessar que tem verdadeiro senso comercial. Há muita gente que não desejaria alugar um quarto, se soubesse que alguém se suicidou na cama e morreu ali mesmo.
— É como a Senhora diz. Temos de ganhar a vida de qualquer modo. (s/trad. Martins, p. 181).

Os três trechos em português selecionados demonstram que a norma culta prevaleceu, que os tradutores "corrigiram" o original, seguindo uma tendência das traduções apontada por Toury, segundo a qual relações textuais do original são modificadas ou ignoradas para favorecer opções mais conhecidas do repertório de chegada (TOURY, 1995: 268).

Os textos foram padronizados abolindo-se o registro estilístico do original, para criar textos homogêneos e sem desvios da norma. Ocorreu o mesmo que eu havia demonstrado anteriormente nas traduções de *Huckleberry Finn*, nas quais a variedade dialetal do original foi sacrificada por um texto sem erros do ponto de vista da gramática normativa. Priorizar a norma culta em detrimento do estilo é uma atitude que persiste nas traduções de obras de ficção em prosa e que denota uma postura conservadora tanto por parte dos tradutores quanto dos editores em geral.

Em outro conto do mesmo autor ("The Last Leaf"), no entanto, o mesmo tradutor, José Paulo Paes, transgrediu a norma do português correto e traduziu a fala de um personagem com as marcas indicativas de que se tratava de um alemão, ou de um estereótipo de alemão.

> 'Vass!' he cried. 'Is dere people in de world mit der foolishness to die because leafs dey drop off from a confonded vine? I haf not heard of such a thing. No, I vill not bose as a model for your fool hermit-dunderhead. Vy do you allow dot silly pusiness to come in der prain of her? Ach, dot poor little Miss Yohnsy.' (HENRY, 1995: 181).
>
> – Vass! – exclamou. – Há tchente no mundo tola de morrer porque folhas caem de uma porcarria de uma vide? Nunca ouvi coisa assim. Não, não posarrei para o seu estúpido ermitão. Por que deitxa que essas bobagens entrrem na cabeça dela? Ach, pobrrezinha de Miss Iohnsi (José Paulo Paes, Cultrix, p. 209).

O tratamento diferente dado pelo mesmo tradutor às personagens dos dois contos é revelador dos critérios que estão em jogo; José Paulo Paes se preocupa em marcar uma diferença étnica, mesmo que isso o obrigue a usar um linguajar chulo e fora do padrão. Mas não o faz em todos os textos. A falta de rigor do tradutor na escolha da estratégia tradutória, ora priorizando a norma culta, ora priorizando o registro estilístico do original, é reveladora do status marginal que a tradução de ficção em prosa ocupa no sistema literário.

## OS ESCRITORES NORTE-AMERICANOS MENOS CONHECIDOS NO BRASIL

Outros contos de escritores norte-americanos, além de Edgar A. Poe e O. Henry, foram traduzidos, mas em menor escala. Entre eles estão Ambrose Bierce, Bret Harte, Stephen Crane, Nathaniel Hawthorne, Jack London, Herman Melville, Mark Twain e Edith Wharton. Henry David Thoreau também não teve muitas obras traduzidas.

A coletânea de artigos de jornais intitulada *Devil's Dictionary*, de Ambrose Bierce (1842-914), foi traduzida duas vezes no Brasil. Além dessa obra, alguns contos de Bierce foram publicados em duas antologias diferentes como "Uma ocorrência na ponte de Owl Creek", pela editora Leitura (1945), com tradução de Lourival Gomes Machado, e, 56 anos mais tarde "O Coup de Grace", pela Iluminuras (2001) com tradução de Celso Paciornik. Em 1999, a Record publicou uma antologia reunindo catorze contos de horror traduzidos por Heloisa Seixas. Encontrei indicações de duas outras antologias às quais não tive acesso (*O Rio Coruja e outras histórias* – Bruguera; *No meio da vida* – Artenova).

Alguns contos de Francis Bret Harte (1836-1902) foram traduzidos por Marques Rebelo, Yolanda Toledo e José Paulo Paes e publicados pela Cultrix em 1964, em *Melhores contos de Bret Harte*, além dos que foram publicados em antologias mistas. Dentre estes últimos destacam-se "A sorte do acampamento uivante" (tradução de Paulo Rónai e Aurélio B. de Hollanda), "Os desterrados de Poker Flat" e "Como Papai Noel chegou a Simpson's Bar", também presentes na coletânea da Cultrix. Bret Harte tornou-se uma pessoa eminente no panorama literário norte-americano com os contos "The Luck of the Roaring Camp", "The Outcasts of Poker Flat", "Brown of Calaveras", entre outros, que foram traduzidos para o português. No entanto sua obra posterior, que inclui artigos publicados em revistas, dois romances e duas peças, e que não fizeram o mesmo sucesso que sua obra inicial, ainda não foi traduzida para o português.

Stephen Crane (1871-1900) é um outro exemplo de escritor pouco traduzido no Brasil. Exceto sua obra mais famosa, *The Red Badge of*

*Courage*, com quatro traduções diferentes, poucos de seus contos foram aqui publicados. Encontrei apenas duas antologias de contos, ou seja, a tradução feita por Octavio Mendes Cajado, primeiramente publicada pela Cultrix e em seguida pelo Círculo do Livro, intitulada *Histórias de Stephen Crane*. Além dessa, há também *Demônio familiar* com tradução de Jaime Rodrigues, da Bruguera, a qual não tive acesso. Stephen Crane também aparece em português com alguns contos isolados em antologias mistas, ou seja, publicados junto com outros escritores como "O hotel azul", traduzido por Wamberto Ferreira, publicado em *7 novelas clássicas* da Lidador, e "O barco aberto", com tradução de Isa Leal, publicado em *Obras-primas da novela universal*, da Martins, e de Celso Paciornik, publicado em *América*, da Iluminuras.

Nathaniel Hawthorne (1804-64), um dos mais importantes escritores do romantismo norte-americano, ou renascimento (*American Renaissance*), ficou mais conhecido no Brasil como romancista do que como contista. Seus romances *Fanshawe*, *The Scarlet Letter* e *The House of Seven Gables* tiveram três ou mais versões cada, sendo uma delas uma adaptação em quadrinhos. Os primeiros contos a serem traduzidos foram histórias infantis tiradas de *A Wonder Book for Boys and Girls* e publicadas na Biblioteca Internacional de Obras Célebres.[34] Adaptações de suas histórias infantis também foram posteriormente feitas por Orígenes Lessa e publicadas pela Ediouro (*Minotauro e outras lendas gregas*, *Cabeça da Medusa e outras lendas gregas* e *Palácio de Circe e outras lendas gregas*). Poucos de seus contos foram traduzidos no Brasil. Publicados em inglês sob o título de *Twice-Told Tales*, *Mosses from an Old Manse* e *The Snow Image and Other Twice-Told Tales* aqui apareceram isoladamente em algumas antologias mistas, sendo que há apenas uma edição dedicada exclusivamente a contos de Hawthorne, traduzidos por Olívia Krähenbühl. Apenas "David Swan" e "O experimento do Dr. Heidegger" foram traduzidos mais de uma vez. "Young Goodman Brown" foi publicado junto com outras histórias consideradas insólitas pelos editores da Bruguera. Além disso, Hawthorne

---

[34] Essa coletânea do início do século XX será examinada no capítulo IV.

aparece junto com outros escritores em *Livro de Natal* da Martins ("A consoada do quaker"), *América* da Iluminuras ("Meu parente, o major Molineux"), *Novelas norte-americanas* da Cultrix ("A filha de Rappaccini") e *Norte-americanos antigos e modernos* da Leitura ("O herói misterioso").

Henry D. Thoreau (1817-62) ficou conhecido pelas traduções de *Walden* (1854) e de *Civil Disobedience* (1849). Este último foi traduzido por cinco escritores diferentes, entre eles, José Paulo Paes, José Augusto Drummond e Sergio Karam. Por se tratar de um ensaio no qual o autor se posiciona contra o governo, o tratamento dado aos índios nativos, além de ser uma obra abolicionista, ou seja, com temática inconformista, foi com surpresa que constatei que havia sido traduzido e publicado em 1968, em plena vigência do AI. 5.

## OS ESCRITORES MUITO POUCO CONHECIDOS NO BRASIL

Há escritores norte-americanos que, mesmo tendo sido traduzidos para o português no Brasil, sofreram de grande desatenção por parte das editoras. Algumas antologias apresentaram um ou outro conto isolado de autores como Thomas Bailey Aldrich, Mary Wilkins Freeman, Hamlin Garland, Edward Everett Hale, Lafcadio Hearn, William Dean Howells, Frank Stockton.[35]

De Thomas Bailey Aldrich (1836-1907) há um conto publicado em português na BIBLIOTECA INTERNACIONAL DE OBRAS CÉLEBRES, "O 4 de julho de um garoto", sem indicação de quem o traduziu.[36] Acompanha a tradução um parágrafo introdutório, com notas sobre o autor. Esse mesmo texto traduzido também foi publicado pela Edigraf em *Primores do conto norte-americano*.

Mary Wilkins Freeman (1852-1930) foi traduzida por iniciativa de Vinícius de Moraes, organizador da coletânea *Os norte-americanos an-*

---

[35] As antologias serão examinadas com mais detalhes no capítulo IV.
[36] Trata-se do capítulo VIII de *Stories of a Bad Boy* (1869).

*tigos e modernos*, da Leitura. O conto "Uma freira da Nova Inglaterra" foi traduzido por Elsie Lessa. Frank Stockton (1834-1902) também participa dessa antologia com o conto "A dama ou o tigre", traduzido por Dyonélio Machado. Esse mesmo conto de Stockton também foi traduzido por Renato Guimarães e publicado na antologia *Os mais extraordinários contos de surpresa* da Civilização Brasileira.

O conto "A volta do soldado", de Hamlin Garland (1860-1940), foi traduzido por Celso Paciornik e publicado na antologia *América, clássicos do conto norte-americano* da Iluminuras.

Edward Everett Hale (1822-1909) foi publicado na antologia da Edigraf intitulada PRIMORES DO CONTO, da década de 1960. Não há indicação de quem tenha sido o tradutor de seu conto "O homem sem pátria". Nessa mesma coletânea foi publicado o conto "Casa nova" de William Dean Howells (1837-1920).

Lafcadio Hearn (1850-1901), escritor norte-americano que viveu no Japão, teve dois contos traduzidos no Brasil: "Ju-jitsu", publicado na BIBLIOTECA INTERNACIONAL DE OBRAS CÉLEBRES, e "O menino que desenhava gatos", publicado em *Maravilhas do conto norte-americano*, da Cultrix, ambas publicações sem menção do nome do tradutor.

## CONCLUSÃO

Dentre os escritores norte-americanos de ficção em prosa do século XIX, alguns ficaram mais conhecidos do que outros no Brasil principalmente como resultado de motivações políticas e econômicas do mercado nacional de publicações, do que por apreciações estéticas sobre suas obras. Essas razões políticas e econômicas determinaram uma nova forma de organização do setor livreiro nacional, que conheceu uma expansão sem precedentes no final dos anos de 1960.

Como vimos neste capítulo, a presença norte-americana no setor foi facilitada tanto pela reorganização da economia, com a introdução da cultura de massa que concebia a cultura como um investimento e o livro como um produto comercial, quanto pela assinatura do acordo

MEC-SNEL-USAID, que fez dessa produção em massa objeto de política pública que priorizou os escritores norte-americanos.

Essas circunstâncias propiciaram a multiplicação de obras que não buscaram inovar ou revolucionar; as editoras, de um modo geral, preferiram apostar em autores consagrados a trazer a lume escritores menos conhecidos ou marginalizados. Além disso, também faltou ousadia editorial em render para o português propostas lingüísticas inovadoras, preferindo-se sujeitar os textos ao jugo da norma culta.

Apesar dos aspectos conservadores das obras, não se pode deixar de mencionar o pioneirismo da iniciativa editorial de Monteiro Lobato, no início do século XX. A criação de uma editora, junto com a importação de escritores norte-americanos foram projetos que estavam vinculados ao sonho de formação de uma burguesia brasileira. Lobato vislumbrava uma nação moderna, com um parque gráfico nacional.

Além de Lobato, a introdução da cultura de massa também implicou em um crescimento do mercado editorial nacional. É principalmente a partir do final da década de 1960, após a assinatura do acordo MEC-SNEL-USAID, que a nação se beneficiou com a expansão do público consumidor de livros, e com a expansão da educação de base.

Assim, conclui-se que não se pode falar sobre a chegada dos escritores norte-americanos do século XIX no Brasil sem se falar em um fenômeno ambivalente: conservador, na medida em que estava ideológica e mercadologicamente comprometido com os Estados Unidos, e inovador, porque deselitizou o livro nacional, tornando-o acessível a um número maior de leitores, como conseqüência das remodelações da indústria nacional do livro.

# Capítulo III

## Da adaptação dessas obras em coletâneas brasileiras

Obras literárias, orais ou escritas, antigas ou modernas, são recriações ou reescrituras de outras obras e a tradução é uma das formas mais óbvias de se reescrever em uma dada cultura. Teóricos da tradução, em especial André Lefevere, apontaram para a importância das refrações como forma de sobrevivência de um texto, sendo em grande parte responsáveis pela definição, manutenção e alteração do cânone.

Os modos de se processar um texto para diferentes públicos ou de o adaptar a uma determinada ideologia ou poética são inúmeros: além de traduções, as refrações podem se apresentar em forma de crítica, história literária, adaptação para o cinema, teatro, histórias em quadrinhos, antologias, adaptação para crianças etc.

Os autores norte-americanos do século XIX traduzidos no Brasil foram adaptados várias vezes para atender às diferentes exigências de um mercado consumidor em expansão. Esse mercado foi setorizado, e os leitores contemplados com coleções dirigidas a públicos específicos como o feminino ou o infanto-juvenil. Os textos foram tratados como produtos industriais no âmbito da cultura, para atender a uma demanda de mercado. De acordo com a categorização de "tradução de fábrica", de John Milton, as edições voltadas ao público feminino e ao infantil pertencem ao grupo de "condensação explícita", ou seja, adaptações que foram condensadas para públicos específicos, como estratégia de marketing (MILTON, 2002: 94). No caso das traduções, as "condensações explícitas" são as que trazem indicações claras de que o texto original foi alterado. Essas alterações tendem a ser simplificações do léxico, da sintaxe e redução da estrutura da obra. Dessa forma, o número de capítulos e de páginas de um texto acomoda-se ao padrão estabelecido pelo organizador da série. No processo de "infantilização" dos clássicos, observa-se também uma higienização, ou seja, retiram-se os episódios de conduta inconveniente, de rudeza ou de sexualidade explícita. Em suma, os textos são reescritos, editados, cortados ou reinventados para atender a leitores de épocas, de idades e de padrões morais diferentes. A literatura infantil, por exemplo, passa a ter como o objetivo atender o que se consideram ser as necessidades próprias da criança leitora, o que se concretiza na imposição de um código moral estritamente convencional.

Segundo Milton, a padronização dessas obras foi operada de modos diferentes, tomando-se como base o tema da obra, a linguagem da narrativa, o estilo do autor, o tamanho ou até mesmo o peso do livro:

a) tema: a obra é moldada de forma a adaptar-se ao gosto dos leitores; b) linguagem: linguagens de baixo padrão e dialetos são cortados; c) estilo: a obra não deve desviar-se de um estrito estilo narrativo; d) tamanho: o uso da mancha do papel diminuirá os custos de produção; e) peso: se o livro for distribuído pelo correio, o peso será um fator determinante no preço (Milton, 2002: 96).

Cumpre salientar também o papel das ilustrações nesse tipo de publicações. Além de simplificarem a compreensão, reforçam os padrões de boa conduta expressos no texto, por meio da representação de cenas idealizadas.

A segmentação do público, setorizado por idade, sexo ou profissão, gera a proliferação de publicações seriadas, que padronizam o aspecto gráfico, o tamanho e a linguagem das obras literárias, procurando estimular o consumo sucessivo de vários títulos. Desse modo, a organização em coleções ou séries é um fator importante de descaracterização dos textos, porque, além de promover uma padronização, promove também uma descontextualização: as obras literárias são agrupadas por critérios outros que as condições históricas que geraram os originais, para atender ao padrão ideológico dos intermediários do livro (editores, tradutores, escritores).[1]

## A CRIANÇA LEITORA

De acordo com Lyons, a "era de ouro" do livro no mundo ocidental, ou seja, na Europa, se deu quando a taxa de alfabetização atingiu 90% da população, sem discriminar homens ou mulheres (apud CAVALLO, 1999: 165). No Brasil, assim como em outros lugares, a expansão da educação primária estimulou o crescimento de um setor importante do público leitor, qual seja, as crianças. Surgiram revistas infantis e outros escritos para jovens, voltados para as preocupações pedagógicas. Gerou-se uma demanda por textos escolares e paradidáticos, que passaram a ocupar uma fatia maior do mercado de livros e colaboraram para o crescimento de editoras como a Melhoramentos, a Ática, a Scipione, por exemplo, que dirigem seus produtos quase exclusivamente a esse setor.

A massificação do ensino fundamental no Brasil, no entanto, tem uma história recente. No Império, a população agrária não atribuía muita importância à leitura e à escrita. Embora a educação primária já figurasse como um dever do Estado na Constituição de 1824, a falta de instrução era a realidade para a maior parte do país. Os gastos nessa área no período imperial foram modestos e as instituições educativas eram poucas e elitistas. No Rio de Janeiro, por exemplo, havia apenas o Colégio Pedro II, o Imperial Observatório, o Museu Nacional, o Arquivo Público, a Biblioteca Nacional, o Laboratório do Estado, o Jardim Botânico e a Academia Imperial de Belas-Artes (SCHWARCZ, 1998: 155).

A situação na República, no entanto, inverteu-se. Pela Constituição brasileira de 1891, o direito de voto só cabia aos maiores de 21 anos que soubessem ler e escrever. A população, livre da escravidão, passou

---

[1] Sobre o impacto ideológico de coleções no mercado editorial brasileiro e argentino ver "An Item Called Books: Translations and Publishers Collections in the Editorial Booms in Argentina and Brazil from 1930-1950" de Adriana Pagano, in Crop, n. 6, 2001, pp. 171-194.

94     IRENE HIRSCH

a valorizar a alfabetização. A educação popular foi um projeto da campanha dos liberais que pregavam a República, mas a educação livre, universal e gratuita não encontrou seu correspondente na prática. Por volta de 1890, 80% da população brasileira era analfabeta e esse quadro não teve alteração significativa até 1920 (MARTINS, 2001: 200).

Apenas na década de 1960, quando foi aprovada a *Lei de Diretrizes e Bases da Educação Nacional* (Lei nº 4.024, de 20/12/61), o ensino foi democratizado: a educação passou a ser "um direito de todos... e uma obrigação do Governo", e o período de escolaridade obrigatória foi estendido para oito anos. Nos currículos e programas elaborados segundo essas diretrizes, enfatizou-se a leitura como atividade importante no processo de aprendizagem, o que significou uma demanda crescente por livros literários (COELHO, 1985: 211).

Dados publicados pelo IBGE relativos ao Censo de 2000 mostram que o quadro de alfabetização se modificou ao longo do século: em 1991 a taxa de alfabetizados de dez anos ou mais foi de 80,3%, e em 2000 foi de 87,2%. Ou seja, a expansão do mercado de livros foi impulsionada pelo crescimento significativo do público leitor brasileiro, além do crescimento demográfico que houve – o total de habitantes em 2000 é de 169.799.170.[2]

A expansão e a planificação do setor educacional e o crescimento demográfico não foram, no entanto, as únicas condições necessárias para o crescimento do mercado editorial de livros no Brasil. Há que se considerar igualmente a organização da indústria, que começou a produzir cultura numa escala de massa, no final dos anos de 1960. Como exposto no capítulo II, o golpe de 1964 representou uma aliança dos interesses governamentais e de empresários da cultura em criar um mercado consumidor nacional, que incentivou o investimento tecnológico e a orga-

---

[2] O número de analfabetos ainda é muito grande: 17,6 milhões de brasileiros – cerca de 12,8% da população com dez anos ou mais – não se consideram capazes de ler ou escrever. Trata-se de uma redução significativa do número de analfabetos em relação ao início da década anterior: em 1991, 19,7% dos brasileiros estavam na mesma condição. No entanto, de acordo com a Constituição de 1988, o analfabetismo seria erradicado no prazo de dez anos. Sem mencionar os analfabetos funcionais, que não constam dos dados estatísticos oficiais.

nização de setores culturais. Diversos setores da cultura expandiram-se ao mesmo tempo em que o Estado criou a Embratel (1965), o Conselho Federal de Cultura (1966), o Ministério de Comunicações (1967), a Embrafilme (1969), a Funarte (1975) etc. (MONTERO, 1989: 162).

O livro didático, filão mais rentável da indústria do livro, também se beneficiou da política do governo. Criou-se, em 1966, a Comissão Nacional do Livro Técnico e Didático (COLTED), financiada pelo MEC, USAID e SNEL, para favorecer o comércio livreiro e beneficiar o aspecto industrial da produção. Além das inovações tecnológicas, os editores começaram a utilizar estratégias de marketing, como a publicidade, e diversificação dos meios de distribuição – das bancas de revistas a supermercados, e até farmácias (MONTERO, 1989: 163).

## AS COLEÇÕES COM TEXTOS TRADUZIDOS NA TRAJETÓRIA DO LIVRO INFANTIL NO BRASIL

As seções de literatura infantil, ao lado das pedagógicas, surgem nos periódicos na virada do século XIX: *A Escola Pública* (em 1896), *O Cabrião* (em 1897), *Revista do Ensino* (em 1902), *Álbum das Meninas* (em 1898). Essas seções infantis eram constituídas de histórias traduzidas de autores estrangeiros, como contos de fadas, além de reproduzirem jogos de adivinhações, passatempos e curiosidades, muitas vezes ilustradas com gravuras, figurinhas etc., como apelo mercadológico (MARTINS, 2001: 406). As seções dirigidas às crianças tornaram-se revistas e livros no decorrer do século XX, com histórias ilustradas de autores brasileiros e estrangeiros.

É principalmente a partir da década de 1960 que as editoras começam a investir mais fortemente em empreendimentos comerciais visando ao público mais jovem. Surgem assim as coleções infanto-juvenis; algumas subordinadas ao tema "clássicos da literatura universal", publicaram adaptações ou condensações de obras de autores norte-americanos do século XIX, que serão examinadas a seguir. As editoras responsáveis por essas coleções foram, e parte delas ainda são, a Companhia Editora

Nacional, Vecchi, Melhoramentos, Paulinas, Ediouro, Abril, Scipione e Ática. Além dessas adaptações, ainda se desenvolveu o setor das histórias em quadrinhos de "clássicos da literatura", publicadas pelas editoras Brasil-América (Ebal), Bruguera e Abril, dirigidas ao público jovem.

Todas essas coleções, lançadas em períodos diferentes, apresentaram formatos editoriais variados, mas a maioria delas publicou ilustrações junto com o texto condensado (exceção feita às coleções AUDAZES e PRIMAVERA).

Outras editoras também publicaram adaptações infanto-juvenis de autores norte-americanos do século XIX, mas em menor número. Entre elas estão as editoras Record, Brasiliense, Companhia das Letrinhas, Globo, Hemus, Gráfica, Saraiva e Verbo.

O quadro abaixo se refere às estatísticas do ISBN relativas ao número de títulos cadastrados por editoras no período de 1978 a 1999, que dá uma idéia da dimensão de cada empresa e do espaço que ocupou no mercado editorial de livros.

ESTATÍSTICAS ISBN – 1978/1999

| | |
|---|---|
| Ática | 5097 |
| FTD | 3590 |
| Scipione | 3553 |
| Saraiva | 2789 |
| Brasil | 2337 |
| Globo | 2291 |
| Vozes | 2122 |
| Moderna | 2121 |
| Atlas | 2082 |
| Loyola | 1826 |
| Círculo do Livro / Nova Cultural | 1811 |
| Melhoramentos | 1761 |
| Brasiliense | 1741 |

| | |
|---|---|
| Revista dos Tribunais | 1683 |
| Record | 1538 |
| Paulus | 1463 |
| Paulinas | 1410 |
| Círculo do Livro | 1161 |
| LTC | 1148 |
| Pensamento | 1109 |
| Martins Fontes | 1029 |
| Manole | 1003 |

## MONTEIRO LOBATO E A COMPANHIA EDITORA NACIONAL

Vários dos escritores norte-americanos do século XIX foram traduzidos, ou, mais precisamente, adaptados pela primeira vez pela Companhia Editora Nacional, e publicados nas diferentes coleções da editora. A coleção PARATODOS era constituída de literatura estrangeira em geral, "apresentando os melhores romances nos gêneros de aventura, policial e histórico, é uma coleção popular, isto é, para todos".[3] A TERRAMAREAR era dirigida a rapazes, a SÉRIE NEGRA era composta de livros policiais, e a BIBLIOTECA DAS MOÇAS,[4] constituída de histórias sentimentais, como o nome evidencia, era direcionada ao público jovem feminino. Essas coleções ajudaram a consolidar a editora, que surgira três meses após a falência da Monteiro Lobato e Cia, em 1925. A nova editora de Monteiro Lobato cumpriu um importante papel no mercado editorial brasileiro. Nesse empreendimento, Lobato associou-se a Octalles Marcondes Ferreira e começaram publicando vinte títulos, com sete reedições, apenas no primeiro ano (PAIXÃO, 1998: 71). O primeiro livro a ser publicado

---

[3] Conforme informe publicitário impresso da Cia. Editora Nacional, reproduzido em *Momentos do livro no Brasil* (1998), p. 71.

[4] A BIBLIOTECA DAS MOÇAS será examinada mais adiante neste capítulo.

## 98    IRENE HIRSCH

foi *Hans Staden*. Segundo Lobato, tratava-se de uma coincidência que marcava um duplo começo:

> Mando-te um *Staden*, a edição primogênita da nova companhia e, por coincidência, o primeiro livro que se publicou sobre o Brasil. É obra realmente interessante e merecedora do sucesso que têm tido. A edição inicial de 3 mil está no fim. Vamos tirar outra e maior (LOBATO, 1944: 463).

Além de ser um inovador da indústria brasileira do livro, à frente da editora com o seu nome e posteriormente da Companhia Editora Nacional, Lobato lançou um grande número de títulos traduzidos. A tradução foi para Lobato, após seu regresso dos Estados Unidos em 1931, uma atividade profissional paralela à da criação de obras de literatura infantil, e que lhe garantia o sustento (KOSHIYAMA, 1982: 157). Traduziu 87 obras, das quais apenas cinco não foram publicadas pela Companhia Editora Nacional. Em carta a Godofredo Rangel, escreveu sobre o seu entusiasmo com a tradução:

> Gosto imenso de traduzir certos autores. É uma viagem por um estilo. E traduzir Kipling, então? Que esporte! Que alpinismo! Que delícia remodelar uma obra de arte em outra língua! Estou agora a concluir um Jack London, que alguém daqui traduziu massacradamente. Adoro London com suas neves do Alaska, com o seu Klondike, com os seus maravilhosos cães de trenó (LOBATO, 1944: 493).

Monteiro Lobato pertencia ao grupo de intelectuais da época que acreditava que os Estados Unidos significavam progresso e que o Brasil poderia se modernizar com o estreitamento de laços entre os dois países.

A coleção TERRAMAREAR foi iniciada em 1931, sendo constituída de novelas de aventura destinadas aos jovens, como, por exemplo, o *Tarzã* de Edgar Rice Burroughs. Dentre os norte-americanos do século XIX, estão presentes nessa coleção James Fenimore Cooper e Jack London, com as obras *O corsário vermelho*, *O último dos moicanos*, *A aventurei-*

*ra*, *Caninos brancos* e *A filha da neve*, traduzidos respectivamente por Godofredo Rangel, Agripino Griecco, Americo Neto e os dois últimos por Monteiro Lobato.

Diversas reedições das traduções da Companhia Editora Nacional foram publicadas em séries de aventuras, dirigidas a jovens, por diferentes editoras, como a Brasiliense e a Abril. Recentemente o IBEP relançou as coleções com o mesmo nome, mas com capas e formato diferentes.

## Os Audazes da Casa Editora Vecchi

A editora Vecchi, do italiano Artur Vecchi, instalou-se no Rio de Janeiro em 1913. Embora viesse a se especializar na edição de revistas e de livros infantis, proclama-se pioneira na edição brasileira de livros de Maurois, Ibsen, Gide, Schopenhauer e Nietzsche (HALLEWELL, 1985: 203). Segundo Marlise Meyer, a Vecchi explorou a comercialização do romance popular com o potencial de mercado aberto pelo alargamento das classes populares no Brasil do começo do século:

> A Vecchi o comercializa num circuito completo. Faz a impressão e a distribuição para todo o país em forma de fascículos de dezesseis páginas semanais; entrega de casa em casa, precedidos por um folheto demonstrativo ricamente colorido, com promessas de brindes e chamadas excitantes, sendo os dez primeiros números gratuitos (MEYER, 1996: 346).

Os livros da coleção Os AUDAZES tiveram formato pequeno, (de 14 x 19 cm, com 180 a 200 páginas), não eram ilustrados e sua impressão era feita em papel barato, que precisava ser cortado com espátula para que o livro pudesse ser lido. Para assegurar que todos os volumes tivessem o mesmo tamanho, os diagramadores não padronizaram o número da fonte: originais longos, como *As aventuras de Huck*, foram comprimidos nos 14 x 19 cm, com letras pequeníssimas, ao passo que *A hiena dos mares*, por ser mais curto, foi impresso em fonte mais legível.

Foram publicadas doze obras de autores que interessam à presente investigação: *Aventuras de Tom Sawyer* (1945), *Filho do sol* (1947), *O pirata e a feiticeira* (1956), *Fantasma da rua Morgue* (1954), *Aventuras de Tom Sawyer no estrangeiro* (1955), *Piloto* (1956), *O príncipe e o mendigo* (1958), *Tom Sawyer detetive* (1968), *A hiena dos mares* (s/data), *Aventuras de Huck* (s/data), *Corsário vermelho* (s/data) e *Pradaria* (s/data), dos autores Mark Twain, James Fenimore Cooper, Richard Dana e Edgar Allan Poe. Como já referi, a coleção era constituída de "romances de aventura" e exclusiva do público masculino: "... é leitura igualmente deliciosa para pequenos e para grandes, para homens graves e para meninos travessos" (orelha de *Aventuras de Tom Sawyer*).

### Obras Célebres da editora Melhoramentos

A editora Melhoramentos foi responsável pela apresentação ao público leitor jovem de vários dos autores tratados nesta investigação. Do mesmo modo que outras editoras, publicou diversas vezes uma mesma adaptação de autores como Herman Melville, James Fenimore Cooper, Jack London, Frances Burnett e Harriet Beecher Stowe em coleções diferentes: Obras Célebres, No Mundo da Aventura, A Aventura de Ler, Obras-Primas Universais e Clássicos Ilustrados. As três primeiras foram publicadas nas décadas de 1950 e 1960 e delas faziam parte *O pequeno lorde, O caçador, O último moicano, Moby Dick, a fera do mar* e *A cabana do pai Tomás,* entre outros títulos, que por vezes eram reeditados sucessivamente sob a forma de uma mesma condensação. A coleção Obras Célebres foi constituída de obras de escritores de várias nacionalidades, adaptadas por escritores brasileiros para o público jovem. Os livros, de muito boa qualidade, tinham capa dura, ilustrações e uma apresentação do autor:

> Obras-primas da literatura universal de enredos inesquecíveis, transportando a juventude ao mundo da aventura e da fantasia, formam esta série de livros condensados por escritores brasilei-

ros de renome e aprimorados com muitas e sugestivas ilustrações (contracapa).

No final da década de 1990, a Melhoramentos investiu novamente nos mesmos clássicos, que receberam um novo formato. A coleção CLÁSSICOS ILUSTRADOS modernizou as ilustrações de O *último moicano*, *Moby Dick* e *Chamado selvagem* e os textos de autoria de Luiz Antonio Aguiar tornaram-se mais enxutos, mais simplificados, não excedendo quarenta páginas.

Também é do final da década de 1990 a série OBRAS-PRIMAS UNIVERSAIS, que relançou *Aventuras de Tom Sawyer*, *Mulherzinhas* e *Caninos brancos* em uma coleção luxuosa, com direitos adquiridos das Éditions Gallimard, e impressa em papel couché na Itália, pela Editoriale Libreria. Além do texto integral e ilustrações, as páginas dos livros trazem informações diversas sobre o autor, hábitos e costumes da época, bem como outros artistas mencionados na narrativa, sejam escritores, pintores ou escultores. Essas notas não são de rodapé, mas impressas nas laterais da mancha, oferecendo, dessa forma, ao leitor uma narrativa informativa paralela de acordo com a diagramação atualizada da publicação. Tanto as ilustrações quanto os comentários são creditados ao original francês.

A Melhoramentos foi constituída em 1890 e iniciou a produção editorial em 1915, com a sua fusão com a Weiszflog Irmãos. Além de fabricar papel, os empreendimentos da Melhoramentos passaram a incluir publicações variadas como livros de culinária, dicionários, atlas, livros de bolso, entre outros. Hallewell observa que, apesar de o catálogo da Melhoramentos não abrigar muitos títulos de ficção, a editora foi responsável por um dos maiores fenômenos editoriais brasileiros, que foi José Mauro de Vasconcelos (*Rosinha, minha canoa*, 1962, e *Meu pé de laranja lima*, 1968). No entanto, a viga mestra da atividade editorial foram sempre a literatura infanto-juvenil (publicada sob outras rubricas além das coleções aqui citadas) e os livros didáticos, responsáveis por dois terços da produção total, em títulos:[5]

---

[5] Em 1915, a Weiszflog e Irmãos iniciara suas atividades com a tradução de *O patinho feio*, de Hans C. Andersen, e Arnaldo de Oliveira Barreto, o primeiro gerente da empresa, continuou

Em 1967, uma relação de fontes de livros para crianças utilizada pela Biblioteca Pública de São Paulo deu o primeiro lugar à Melhoramentos, seguida, na ordem, por: Flamboyant, Egeria, Brasiliense, Cultrix, Dongo, Delta, Mérito, José Olympio, Vecchi, Paulinas e Martins (HALLEWELL, 1985: 258).

A Melhoramentos continua hoje atuando nos setores editorial, gráfico e de fabricação de papel, sendo que a editora ocupa o 12º lugar em volume de títulos, de acordo com estatísticas do ISBN referentes a 1999.

## PRIMAVERA DAS EDIÇÕES PAULINAS

As congregações Paulinas, de padres e de religiosas, que têm suas raízes em Alba, no norte da Itália, iniciaram seu trabalho de difusão da "boa leitura" junto às famílias de imigração italiana do bairro paulistano do Brás, no final da década de 1920. A Paulinas Editora foi fundada em São Paulo, no ano de 1931, por iniciativa das irmãs Dolores Baldi e Stefanina Cillario e do padre Tiago Alberione, fundador da Congregação das Filhas de São Paulo (Irmãs Paulinas). A editora surgiu da associação das duas congregações paulinas, masculina e feminina, atendendo ao objetivo comum de utilizar os meios de comunicação de massa para evangelizar. Nessa associação, as duas congregações mantiveram-se juridicamente separadas e dividiram o trabalho editorial entre si: a linha bíblica e teológica seria editada pelos paulinos; a linha catequética, infantil e de biografias, pelas paulinas.[6]

No início, as irmãs distribuíam o semanário *La Squilla*, o folheto litúrgico "O Domingo" e vendiam livros sobre a vida de santos e cate-

---

com essa linha editorial na coleção BIBLIOTECA INFANTIL, que alcançaria cem títulos até 1948, quando foi suspensa.

[6] Essa divisão teria sido determinada pelo padre Tiago Alberione, já que as mulheres não estudavam teologia (MONTERO, 1991: 196).

cismo. Em 1934, adquiriram uma máquina tipográfica e editaram a versão brasileira da revista italiana *Família Cristã*. Na década de 1950, com a produção da coleção Doutrina Cristã, as Irmãs Paulinas alcançaram a cifra de 5,3 milhões de exemplares impressos (Montero, 1991: 165).

Atualmente, a editora Paulinas é uma empresa que conta com um conselho editorial, analistas, tradutores, desenhistas, diagramadores, fotógrafos e gráficos, entre outros profissionais, que conseguem publicar mais de um livro por dia, como está declarado em seu *site*. Sempre voltada para assuntos religiosos, diversificou sua produção, sendo responsável por vários tipos de bens culturais como livros, fitas, CD-roms, DVDs etc. Na tabela das estatísticas do ISBN, a editora está colocada entre as vinte mais importantes do período de 1978 a 1999, com 1.410 títulos cadastrados. Ou seja, o surgimento de uma indústria de bens culturais de massa no Brasil propiciou uma expansão do consumo de bens religiosos e, como conseqüência, um aumento da capacidade de produção desses bens.

Na década de 1960, a coleção Primavera publicou três autores norte-americanos do século XIX: Louisa May Alcott, Mark Twain e Frances Burnett. Anteriormente, em 1958, havia publicado *A cabana do pai Tomás*, de Harriet Beecher Stowe, na coleção Os grandes romances do cristianismo. Foi responsável pela tradução de grande parte da obra de Louisa May Alcott (*Mulherzinhas, Mulherzinhas crescem, Oito primos, Rosa em flor, Rapaziada de Jó*) e pelos livros *Pequeno lorde, Príncipe e o mendigo* de Burnett e Twain.

A escolha das narrativas revela uma consonância com os objetivos edificantes e de cunho religioso que estão expressos na contracapa de todos os volumes da coleção Primavera:

> Para se nutrirem estas energias exuberantes, para se conterem estes entusiasmos e guiá-los nos melhores trilhos da vida; para se enriquecerem as inteligências, dominarem os corações, pôr a existência a contato de uma Vida sadia, harmoniosa, entusiasta, fazê-la triunfar sobre os obstáculos que inevitavelmente se encontrarão com o passar

dos anos, as Edições Paulinas iniciam a Coleção A PRIMAVERA, que poderá ser o *vademecum* de tantos rapazes e moças. Os critérios seguidos na escolha são os que oferecem a melhor leitura, a ventura mais sadia, mais ardente, mais aderente à vida de cada jovem.

## ELEFANTE DA EDIOURO

A Ediouro é a editora que publicou o maior número de adaptações infanto-juvenis de ficção norte-americana do século XIX, somando 24 títulos no total. As diferentes coleções da editora – ELEFANTE, BALEIA BACANA, EXTRA, ALEXANDRE DUMAS, MARK TWAIN, JÚLIO VERNE, ATÉ 12 ANOS, CALOURO MAIOR – compartilharam às vezes uma mesma adaptação de uma dada obra. Em alguns casos, as adaptações foram feitas por importantes nomes da literatura brasileira como, por exemplo, Clarice Lispector, que adaptou os norte-americanos Edgar Allan Poe e Jack London (*11 de Allan Poe* e *Chamado selvagem* ), e Carlos Heitor Cony, que fez as adaptações de Herman Melville e de seis obras de Mark Twain (*Moby Dick, Diário de Adão e Eva, Um ianque na corte do rei Arthur, O príncipe e o pobre, O roubo do elefante branco, Tom Sawyer detetive, Viagens de Tom Sawyer* e *Aventuras de Huck*).

Outros autores norte-americanos do século XIX adaptados para essas coleções foram Louisa May Alcott (*Um colégio diferente, As filhas do Dr. March*), James Fenimore Cooper (*O último dos moicanos*), Harriet Beecher Stowe (*A cabana do pai Tomás*), Frances Burnett (*A pequena princesa, Davi, o órfão*), Jack London (*Lobo do mar*), Eleonor Porter (*Poliana, Poliana moça*) e Henry James (*Os inocentes*).

A Tecnoprint Gráfica foi uma firma constituída por Jorge Gertrum Carneiro, um médico gaúcho, seu irmão Antônio Carneiro, engenheiro, e Frederico Mannheimer, um refugiado da Alemanha nazista. O primeiro livro foi publicado em 1939, *Fala e escreve corretamente tua língua*, de Luís Vitória. Em seguida importaram livros, tentaram editar livros de medicina e engenharia, revistas, sem conseguir sucesso financeiro. No final da década de 1950, fizeram publicações eróticas em suas

EDIÇÕES SEGREDO (*Meu destino é pecar*, de Suzanna Flag, pseudônimo de Nelson Rodrigues, é uma delas). De Publicações Pan Americanas, mudaram sua marca para Edições de Ouro, voltada para livros de bolso e acrescentaram a coleção COQUETEL DE PALAVRAS CRUZADAS (HALLEWELL, 1985: 563). Seu catálogo inclui livros práticos, manuais de auto-educação, ficção, história, filosofia. Declaram em seu *site*: "A Ediouro possui cerca de 3.500 títulos... livros de inspiração, auto-ajuda, gastronomia, artes plásticas, filosofia, sexo, medicina, história, religião, humor, psicologia, economia e negócios...". Na ficha de catalogação da Biblioteca Nacional o item "linha editorial" tem 56 entradas, com temas ainda mais variados como, por exemplo, ufologia, numerologia, contabilidade, datilografia, entre outros.

Esse perfil mercadológico, diferente daquele ideológico presente na Paulinas, possibilita uma maior flexibilidade por parte da linha editorial para publicar um número maior de adaptações contemplando temas diversos.

## CLÁSSICOS DA LITERATURA JUVENIL DA EDITORA ABRIL

A editora Abril, criada em São Paulo por Victor Civita em 1950, foi inaugurada com a publicação da revista *Pato Donald*, de Walt Disney. Entre 1950 e 1959 editou sete títulos; na década seguinte, o número de títulos cresceu para 27, e no período entre 1970 e 1979 chegou a 121 títulos.[7] A produção se diversificou com a publicação de fotonovelas como *Capricho* (1952), de revistas femininas como *Manequim* (1959), e de revistas para o público masculino como *Quatro Rodas* (1960) entre outras. Nos anos 1970 multiplicaram-se os títulos infantis como *Cebolinha, Luluzinha, Piu-Piu, Enciclopédia Disney* etc. O crescimento da empresa foi vertiginoso: a tiragem de um título, *Pato Donald*, de 83 mil exemplares, em 1950, deu lugar a uma tiragem

---

[7] Dados de *Epopéia editorial, uma história de informação e cultura* citados por Ortiz (ORTIZ, 2001: 123).

de setenta títulos infantis, com 90 milhões de exemplares, em 1986 (ORTIZ, 2001: 123).

A diversificação de bens culturais fez com que a empresa Abril se tornasse um conglomerado de negócios que, além das revistas, atua hoje também nas áreas de multimídia, educação (Fundação Victor Civita), internet (@Jato), entretenimento (MTV), cabo (TVA) e *database marketing*. Em 2000, com cerca de 8 mil funcionários, teve uma receita líquida de R$ 1,839 bilhões. O principal produto ainda são as revistas, que representam 64% dos negócios, com 233 títulos por ano, 224 milhões de exemplares vendidos em 2000, e 4,6 milhões de assinaturas, segundo informações do *site* da editora. As editoras Abril, Círculo do Livro, Nova Cultural e Best Seller pertencem todas ao mesmo grupo; em 1999 foram acrescentadas as editoras Ática e Scipione.

A primeira incursão da Abril no mercado de livros foi com *A Bíblia mais bela do mundo*, em 1965, vendida em fascículos quinzenais em bancas de jornal. Outras séries se sucederam como *Pequeno dicionário da língua portuguesa ilustrado*, *Livro da vida*, *Enciclopédia Abril* etc. Na área de literatura traduzida, foram publicadas as séries *Os imortais* e *Clássicos da literatura juvenil*. Esta última foi uma coleção luxuosa de clássicos traduzidos, dirigida aos jovens, iniciada na década de 1970. Em sua grande parte, a coleção foi composta de traduções que já haviam sido publicadas pela Companhia Editora Nacional, Brasiliense, Ediouro e Paulinas, entre outras, mas que receberam um novo tratamento editorial: livros de capa dura com novas ilustrações feitas por artistas gráficos. Os tradutores eram renomados autores como Monteiro Lobato, Herberto Salles e Miécio Tati. A coleção completa é constituída de mais de trinta títulos; entre eles, traduções de Louisa May Alcott, Francis Burnett, James Fenimore Cooper, Herman Melville, Jack London e Mark Twain, com os títulos *Mulherzinhas*, *O pequeno lorde*, *Rapaziada de Jó*, *O último dos moicanos*, *Moby Dick, a fera do mar*, *Chamado selvagem*, *O príncipe e o mendigo*, *Aventuras de Tom Sawyer* e *Aventuras de Huck*.

Vale reforçar, como os títulos permaneceram os mesmos, que havia um nicho de interesse por parte do público e um receio de lançar novos títulos ou novas traduções por parte da Abril. A embalagem mudara, tornando-se mais sofisticada, mas os textos permaneciam os mesmos.

## REENCONTRO DA EDITORA SCIPIONE

A editora Scipione é a terceira colocada na tabela do ISBN, com 3.553 títulos lançados no período de 1978-1999. Foi fundada pelo professor Scipione Di Piero Netto. Em 1983, quando foi comprada pela Ática, a editora Scipione tinha um catálogo de cinco títulos e vendia 100 mil exemplares por ano. Em fins de 1999 foi comprada, juntamente com a Ática, pelo grupo francês Havas em associação com a Abril. Há filiais da Scipione em São Paulo, Rio de Janeiro, Brasília, Salvador e Recife.

A série REENCONTRO foi lançada em 1986 e é constituída de adaptações de clássicos da literatura universal "com linguagem simples e atual de grandes escritores de todos os tempos", e classifica-se como uma coleção de livros paradidáticos. É composta de 37 títulos subdivididos em quatro temas (aventura, mistério, humor e romance), indicados para alunos da 5ª série até o 2º grau. Os livros têm um formato pequeno, 21 x 14 cm, e não ultrapassam as 140 páginas; as ilustrações são bem cuidadas, com traços modernos em preto e branco. Todos os livros da série trazem informações sobre o escritor que fez a adaptação e têm uma ficha de leitura anexada, com perguntas e atividades.

Foram lançados os norte-americanos *Os inocentes* (H. James), *O mexicano: livro do professor* (J. London), *Moby Dick, a baleia branca* (H. Melville), *Assassinatos da rua Morgue* (E. A. Poe) e *O príncipe e o mendigo* (M. Twain).

A coleção REENCONTRO demonstra que as adaptações vão adquirindo um certo prestígio no decorrer do tempo, já que o adaptador ganha espaço na edição, o que tem o óbvio intuito de valorizar tal atividade aos olhos do público.

## Eu leio da editora Ática

A editora Ática foi fundada em 1965, como conseqüência da expansão da Sesil (Sociedade Editora do Santa Inês Ltda). O curso de madureza Santa Inês foi fundado em 1956 por Anderson Fernandes Dias, Vasco Fernandes Dias e Antonio Narvaes Filho. Seu início foi, portanto, marcado pela publicação de material didático e paradidático, como as coleções Estudo dirigido de português, Para gostar de ler e Bom livro, entre outras. Os autores estrangeiros foram reunidos na série Eu leio, iniciada em 1995. Essa série da Ática se propõe a publicar textos integrais.

Em conversa com o editor assistente Otacílio Nunes, em 1992, foi-me dito que sua política era traduzir todo o texto usando uma linguagem acessível, simplificada. Temos, portanto, aqui um gênero híbrido entre tradução e adaptação, já que não se interfere na extensão do texto, mas sim no seu vocabulário e linguagem.

## Histórias em quadrinhos: Maravilhosa, Histórias e Classics Illustrated

O recurso da ilustração foi um marco que revolucionou a imprensa do final do século XIX, pois as publicações tornam-se objetos atraentes, acessíveis também a um público menos letrado. No Brasil, segundo Ana Luiza Martins, já na década de 1860, dois jornais paulistas, o *Diabo Coxo*,[8] (1864-1865) e o *Cabrião*,[9] (1866-1867), do italiano Angelo Agostini, apresentavam ilustrações em meio aos textos, que

---

[8] Nelson Werneck informa sobre a publicação: "*O Diabo Coxo* começou a circular a 1º de outubro de 1864, em formato pequeno, com quatro páginas, parcamente ilustrado de início. Era impresso na Tipografia e Litografia de Henrique Schroeder, à rua Direita, 15, e assinava-se, de início, na Livraria de M. da Cunha, à mesma rua, e, depois, na própria tipografia. As assinaturas custavam 4$000 na capital e 5$000 no interior; o número avulso era vendido a 500 réis; media 18 por 24 centímetros e tinha quatro páginas... Viveu pouco mais de um ano com interrupções até o número de 24 de novembro de 1865, revelando o estilo

resultavam em raro conjunto de imagens disponíveis, atingindo público maior que aquele da restrita elite letrada; ilustrações que se alternavam em meio aos temas da Guerra do Paraguai, as indecisões de Caxias e as primeiras tiras de estórias em quadrinhos (MARTINS, 2001: 41).

Agostini foi o autor de "As aventuras de Nhô-Quim", depois Zé Caipora, que *A Vida Fluminense* publicou a partir de 1869. Anterior às criações de Agostini havia a história "O namoro, quadros ao vivo" do litógrafo francês Sebastien Auguste Sisson publicada em *O Brasil illustrado* em 1855, mas que não pode ser considerada uma HQ por não ter enredo nem personagens.

Mas Agostini não é considerado o primeiro ilustrador; a data oficial da primeira ilustração brasileira é 14 de dezembro de 1837, com o título de *A campainha e o cujo*, de Manuel Araújo de Porto Alegre (1843-1879). Henrique Fleuiss, com o *Dr. Semana*, de 1860, também antecedeu *A revista ilustrada* de Agostini, de 1876 (MOYA, 1996: 191).

Outras revistas ilustradas foram feitas, como o *Psitt* (1877), *O Besouro* (1878), *A Lanterna* (1878), *O Figaro* (1878), *Zigue-Zague* (1878), *O Ganganelly* (1876), *O Diabrete* (1877), *O Binóculo* (1881), *O Gryphus* (1882), *Rataplan* (1886), mas tiveram vida curta (SODRÉ, 1999: 220).

Em 11 de outubro de 1905, a editora O Malho lançou a bem-sucedida revista *O Tico-Tico*, que durou até 1954 e foi uma das primeiras publicações exclusivas dirigidas às crianças e adolescentes. Foi publicada em cores, com uma tiragem inicial de 21 mil exemplares, chegando a 30

---

inconfundível de Ângelo Agostini. Foi impossível mantê-lo, pelas dificuldades financeiras" (SODRÉ, 1999: 204).

[9] "Agostini voltou, um ano depois e com os mesmos companheiros, com o *Cabrião*, jornal domingueiro que começou a circular a 1º de outubro de 1866, com sede na loja de Custódio Fernandes da Silva, à rua da Imperatriz, hoje XV de Novembro, 19, bem recebido pelos confrades da província e da Corte, o *Jornal do Comércio*, a *Revista Comercial*, o *Correio Paulistano*, a *Semana Ilustrada*. Custava 500 réis, preço alto para a época e afirmava irônicos propósitos: ser sisudo, enquanto não lhe fizessem cócegas, acompanhar as idéias do governo, 'por serem sempre as melhores', o que jamais fez, naturalmente, defender a liberdade de cultos, 'para aumento da descrença, indiferença e confusão desta Babel em que vivemos', o que sempre fez, vargastando o clero e as beatas" (SODRÉ, 1999: 204).

mil exemplares no nº 11. A edição era composta de dois tipos diferentes de papel, e seu custo era de 200 réis (Moya, 1996: 33). A revista tinha seções educativas e as aventuras de Chiquinho, o mais famoso personagem da revista, decalcado de Buster Brown, criado pelo norte-americano Richard F. Outcault. Importantes artistas gráficos humorísticos brasileiros, como J. Carlos, trabalharam no *Tico-Tico*, colaborando para que as criações nacionais tomassem o lugar das estrangeiras.

O *Tico-Tico* foi o principal veículo dos quadrinhos no Brasil até 1934, quando Adolfo Aizen (1907-1991) publicou *Flash Gordon, Mandrake* e *As Aventuras de Roberto Sorocaba* no *Suplemento Infantil* de *A Nação*, que passou a se chamar *Suplemento Juvenil*. Aizen publicou histórias em quadrinhos do Antigo Testamento, de biografias de santos, de episódios da história do Brasil, de fatos de ciência e de clássicos da literatura brasileira e universal. Em 1945, fundou a bem-sucedida editora Brasil-América (Ebal), que publicou *O Herói, Superman, Tarzan, Batman* e *Zorro*. Na série Edição Maravilhosa, foram publicados clássicos, entre os quais se incluíam os norte-americanos *Mulherzinhas, Moby-Dick, O escaravelho de ouro e outros contos, Mistérios famosos, Novelas, O grito da selva, Aventuras de Huck, Aventuras de Tom Sawyer, A cabana do pai Tomás* e *Príncipe e mendigo*, traduções da Comics Illustrated, da empresa norte-americana The Gilberton World-Wide Publications. As capas das revistas eram reproduções das originais e os volumes tinham uma média de cinqüenta páginas cada; uma biografia do autor acompanhava os quadrinhos, além de notas do editor e anúncios de publicidade. Outras coleções da editora que também publicaram clássicos, às vezes em reimpressões, foram Álbum Gigante e Epopéia. A missão educativa era expressa no final das revistas, onde se imprimia a seguinte observação:

> As adaptações de romances ou obras clássicas para Edição maravilhosa ou Álbum gigante são apenas um "aperitivo", um deleite para o leitor. Se você gostou, procure ler o próprio livro, adquirindo-o em qualquer livraria. E organize a sua biblioteca – que uma biblioteca é sinal de cultura e bom gosto.

Anterior aos lançamentos da Ebal havia as publicações de revistas em quadrinhos do *Globo Juvenil*, de 1937, produzido pela Rio Gráfica Editora, de Roberto Marinho. Entre as publicações da editora figurava *Gibi*, de 1939, com Charlie Chan, Ferdinando, Brucutu e Zorro.

Com importante participação nesse setor de publicações encontra-se a editora Bruguera, que posteriormente tornou-se CEDIBRA, e que acabou especializando-se em livros infantis, em 1960, propriedade da British Publishing Corporation, isto é, da Pergamon Press (HALLEWELL, 1985: 577). A Bruguera teve uma atuação significativa no mercado infanto-juvenil, adaptando uma variedade grande de autores norte-americanos. Em sua coleção HISTÓRIAS, publicou títulos compostos de uma versão em texto e outra em quadrinhos. Todos os exemplares que examinei tinham capa dura, cerca de 250 páginas e 250 ilustrações.

Em 1990, a Abril Jovem compra os direitos de publicação da série CLASSICS ILLUSTRATED, publicada originalmente pela Berkley Publishing Group e First Publishing Inc. As adaptações foram modernizadas e impressas em volumes com acabamento mais luxuoso do que o das revistas da Ebal. Dentre os autores norte-americanos publicados estão H. Melville (*Moby-Dick*), M. Twain (*As aventuras de Tom Sawyer*), E. A. Poe (*A queda da casa de Usher*) e N. Hawthorne (*A letra escarlate*).

## OS AUTORES INFANTO-JUVENIS PUBLICADOS NO BRASIL

Os escritores norte-americanos do século XIX que ficaram conhecidos como escritores para um público infantil devido ao grande número de adaptações publicadas foram Mark Twain, James Fenimore Cooper, Herman Melville, Harriet Beecher Stowe, Francis Burnett, Eleanor Porter, Louisa May Alcott, O. Henry e Jack London. O autor mais publicado nas coleções infanto-juvenis foi Mark Twain. Louisa May Alcott é também uma autora publicada muitas vezes, só que ora em coleções para moças, ora em coleções para jovens.

Escritores como Nathaniel Hawthorne e Henry James também foram publicados em coleções infantis, porém não ficaram conhecidos

# IRENE HIRSCH

como escritores do gênero. Henry James aparece em algumas coletâneas infanto-juvenis[10] com o conto *The Turn of the Screw*, possivelmente porque os protagonistas são crianças. Nathaniel Hawthorne, no início de sua carreira, escreveu livros para crianças[11] que são praticamente desconhecidos aqui. Orígenes Lessa fez adaptações de algumas dessas histórias, que foram publicadas pela Ediouro, e a Abril fez uma adaptação em quadrinhos de *Scarlet Letter*. Nenhum dos dois autores foi publicado pela Companhia Editora Nacional, ou traduzido por Monteiro Lobato, fato que explica em parte sua exclusão do panteão dos escritores para crianças.

Seria importante fazer aqui uma distinção entre a literatura infantil e o livro infantil. A literatura infantil é antiga, data dos primórdios da literatura oral, mas é apenas com o francês Charles Perrault (1628-1703) que começam a surgir os primeiros livros escritos especialmente para o entretenimento do público juvenil. É principalmente a partir do século XIX que uma série de escritores passou a se dedicar a escrever especificamente para esse público.

É preciso ainda fazer uma distinção entre os autores que escreveram para um público jovem e os autores que foram adaptados para esse mesmo público. Eleonor H. Porter ou Francis Burnett são exemplos de escritores de romances para crianças, enquanto Edgar Allan Poe não o é. Mas todos os três, junto com Nathaniel Hawthorne e Herman Melville, fazem parte do rol dos mais importantes expoentes do romantismo norte-americano. Nessa literatura norte-americana do século XIX, o "sonho americano", representado pelas fábulas otimistas como *Poliana* ou *O pequeno lorde*, sempre esteve acompanhado do "pesadelo americano", representado pela literatura niilista e cética de *Moby-Dick*, por exemplo. No entanto, nas coleções examinadas nesta pesquisa, essa multiplicidade de universos ficcionais deu lugar a uma homogeneiza-

---

[10] Série REENCONTRO e coleção ELEFANTE.

[11] Como *Grandfather's Chair* (1841), *Famous Old People* (1841), *Liberty Tree* (1841) e *Biographical Stories for Children* (1942).

ção autoral que multiplicou narrativas mais palatáveis esteticamente. Ou seja, a indústria cultural padronizou as obras literárias desse período, e estilizou-as, colocando lado a lado escritores tão distintos quanto Henry James, Eleanor H. Porter e Herman Melville.

## LITERATURA COR-DE-ROSA EM TRADUÇÃO

O mercado literário norte-americano do século XIX, abarrotado de publicações em fascículos, havia tornado célebres vários autores, que tinham colaborado com revistas como *Harper's*, *Godey's Lady's Book* e *Putnam's*. Em estudo sobre a influência do mercado de revistas sobre o estilo de autores "clássicos" norte-americanos, Sheila Post-Lauria relata que, em 1839, Washington Irving passou a escrever para as revistas, em lugar de escrever romances (POST-LAURIA, 1996: 153). Nas décadas de 1840 e 1850, autores como Caroline Chesebro, Fanny Fern, Fanny Forrester, Nathaniel Hawthorne, Caroline Lee Hentz, Herman Melville, Edgar Allan Poe, Catherine Sedwick, Elizabeth Barstow Stoddard, Harriet Beecher Stowe, E.D.E.N. Southworth, Walt Whitman e N. P. Willis fizeram suas carreiras com contribuições para as revistas. E as revistas faziam sua política editorial de acordo com o gosto dos leitores:

> As revistas almejavam um público com características demográficas específicas, e faziam a sua política editorial de modo a satisfazer esses leitores visados. Devido à acirrada concorrência, os editores de periódicos procuraram investir na originalidade de suas revistas. (POST-LAURIA, 1996: 154).[12]

Algumas mulheres norte-americanas que escreveram romances foram apresentadas ao público leitor brasileiro em coleções dirigidas

---

[12] Periodicals aimed at an audience with specific demographic characteristics and tailored their editorial policies to satisfy their targeted readers. Due to stiff competition, periodicals publishers attempted to capitalize on the uniqueness of their magazines. (Minha tradução.)

ao público feminino, como Louisa May Alcott, Emma Dorothy Eliza Nevitte Southworth, Kate Douglas Smith Wiggin, e Eleanor H. Porter. Destacam-se dentre essas coleções de "obras antigas e modernas, plenas de sentimento e imaginação, que distraem e encantam as jovens", as coleções BIBLIOTECA DAS MOÇAS da Companhia Editora Nacional, VERDE da Globo, ROSA da Saraiva[13], MENINA E MOÇA da José Olympio, BIBLIOTECA DAS SENHORINHAS da Empreza Editora Brasileira, e ROMANCES PARA MOÇAS da Anchieta.

As mulheres brasileiras começaram a ter seu espaço reconhecido no mercado editorial logo no início do século XIX, com a primeira revista feminina de Paula Brito, *A mulher do Simplício; ou, A fluminense exaltada*, de 1832. As revistas dirigidas especificamente a elas se multiplicaram, no próprio século XIX como, por exemplo, *O Jornal das Senhoras* (1852), *Belo Sexo* (1862), *O Sexo Feminino* (1873), *Eco das Damas* (1897), *O Leque* (1887), entre outras.[14] Nessas revistas, à mulher leitora somava-se a mulher consumidora, que, informada sobre os produtos em voga, era estimulada à aquisição. Dentre os produtos anunciados havia fortificantes para as crianças, dentifrícios, sabonetes, remédios para a "saúde da mulher", figurinos, mobiliário, gramofones etc.

A crescente importância das mulheres no mercado consumidor, a atenção que por isso passaram a receber dos editores preocupados com as vendas, é um marco importante na luta por sua emancipação. O fato de as mulheres constituírem uma parte substancial e crescente do público leitor de romances, na mira dos produtores de livros, significou, entre outros fatores, que a diferença entre a taxa de alfabetização masculina e feminina havia sido significativamente reduzida. No entanto, o papel da leitora brasileira de romances traduzidos foi primordialmente o de guardiã dos bons costumes, da tradição e do ritual familiar, ou seja, em sua grande maioria, o teor dos romances das coleções dirigidas ao público feminino era intrinsecamente conservador,

---

[13] Segundo publicidade da editora, foi inspirada na coleção francesa BIBLIOTHÈQUE ROSE.

[14] A esse respeito ver *Revistas em Revista* (2001), p. 371.

VERSÃO BRASILEIRA    115

reiterando mitos paternalistas da mulher como um ser frágil, esposa, dona-de-casa e mãe de família.

Uma das coleções pioneiras, A BIBLIOTECA DAS MOÇAS da Companhia Editora Nacional, lançou 176 títulos, vendendo mais de 6 milhões de exemplares. Os romances dessa coleção, que foram editados ininterruptamente entre 1935 e 1963, eram obras (principalmente de língua francesa e inglesa) dirigidas às meninas, às moças e às senhoras. Maria Teresa Santos Cunha observa que a escritora com o maior número de livros traduzidos foi M. Delly,[15] de quem foram publicados trinta títulos, alguns com dez edições de 3 mil a 4 mil exemplares (CUNHA, 1999: 36). Em 1983, quando a Companhia Editora Nacional voltou a editar parte de seus romances cor-de-rosa, as vendas ficaram aquém do esperado (CUNHA, 1999: 41). Isso não significou uma redução do público leitor feminino, mas sim que o novo mercado editorial, mais competitivo, oferecia novas alternativas ao público leitor; as coleções SABRINA, JÚLIA e BIANCA da Nova Cultural, por exemplo, vendidas a um preço menor em bancas de revistas, foram, em larga medida, responsáveis pelo insucesso da reedição, cinqüenta anos mais tarde, da BIBLIOTECA DAS MOÇAS.

O volume 1 dessa coleção foi *Boas esposas* (tradução de Genolino Amado), de Louisa May Alcott, autora de *Mulherzinhas* (*Little Women*), traduzido no Brasil pela primeira vez por Godofredo Rangel.[16] Além dos romances de Alcott, publicaram-se os norte-americanos do século XIX *Sonho de moça* (vol. 176), de Kate Wiggins, *A irmã branca* (vol. 97), de Francis Marion Crawford, e *Pollyana* (vol. 93),[17] de Eleanor H. Porter.

---

[15] M. Delly (ou Madame Delly) é o pseudônimo de um casal de irmãos franceses que se chamavam Frédéric Henri Petitjean de La Rosière e Jeanne-Marie Henriette Petitjean de La Rosière.

[16] A BIBLIOTECA DAS MOÇAS lançou primeiramente a segunda parte, *Boas Esposas* (vol. 1), e posteriormente *Mulherzinhas parte 2* (vol. 119), que inicia no capítulo XII de *Little Women*, obra publicada originalmente em dois volumes como vimos no capítulo anterior. Os onze primeiros capítulos da obra ficaram sem tradução nessa coleção.

[17] In 1913, Porter publicou *Pollyanna*, uma história sentimental cuja heroína fazia o "jogo do contente", buscando o lado bom das coisas e corrigindo o que estava errado. Nos EUA, o livro teve inúmeras reedições, que venderam mais de um milhão de cópias, devido a

Os títulos da coleção (*Meu vestido cor de céu*, *O sentimento do amor*, *Glória incerta*, e assim por diante) denotam que a política editorial era de traduzir textos que reforçassem o estereótipo do bom comportamento; as heroínas deviam ser esposas fiéis, mães dedicadas e exemplares donas-de-casa.[18] Uma obra como *O despertar*, de Kate Chopin, por exemplo, na qual temas obscenos como a infidelidade são abordados, não foi traduzida senão no final do século XX.

Para explicar a popularidade de tais romances, Janice Radway analisa as instituições nas quais foram produzidos: a sofisticação da indústria, as estratégias inovadoras dos escritores e o prazer dos leitores (das leitoras), que formam uma estrutura tripartite na qual cada um desses fatores tem um papel igualmente determinante (RADWAY, 1993: 438). Ou seja, porque o público feminino representava 50% do mercado de leitores, e porque as mulheres de classe média eram compradoras (e não se exigia que trabalhassem), tornaram-se alvo favorito dos produtores de ficção em massa. O prazer da leitura, uma experiência agradável, gerou uma demanda por novas obras que, por sua vez, gerou mais investimentos.

A crescente importância da mulher no mercado editorial, ao mesmo tempo em que significou um avanço em direção à sua emancipação, também reforçou o estereótipo do bom comportamento, na medida em que representava um risco às instituições tradicionais. Segundo Chartier, a feminização do público leitor de romances no século XIX, na Europa, significou um certo perigo para a instituição do casamento, ao ameaçar o marido burguês, porque os romances excitavam as paixões e exaltavam a imaginação feminina:

---

sua enorme popularidade. O otimismo da protagonista parece ter seduzido outros públicos também. Veja-se o caso das operárias brasileiras, nos depoimentos a Ecléa Bosi, em *Cultura de massa e cultura popular – leituras de operárias*: Poliana aparece como resposta a três perguntas "se você leu algum livro neste ano, diga seu nome", "agora diga o nome dos livros que mais gostou de ter lido" e "dos livros que você leu pode lembrar o nome do que você comprou?" (BOSI, 2000: 182 183).

[18] O livro de Maria Teresa Santos Cunha faz uma análise em detalhe desses estereótipos, que associam a imagem feminina a um padrão de conduta específico.

(...) [o romance] poderia incentivar expectativas que pareciam pouco razoáveis; poderia sugerir idéias eróticas que ameaçavam a castidade e a boa ordem (...) Não é simples coincidência que o adultério feminino tenha se tornado nessa época o arquétipo de transgressão social descrito pela literatura, de Emma Bovary a Anna Karenina e Effi Briest (apud CAVALLO, 1999: 171).

## CONCLUSÃO

As coleções de literatura cor-de-rosa revelam uma nítida ambivalência, na medida em que são inovadoras, por darem destaque à presença feminina no universo da ficção, antes privilégio do leitor masculino, ao mesmo tempo em que são conservadoras, por circunscreverem essa presença a padrões morais e ideológicos muito claramente demarcados.

A ambivalência se faz sentir também nas adaptações infanto-juvenis. De um lado, são obras que foram simplificadas, ou "higienizadas", para atender a um padrão moral e ideológico com contornos bem específicos. Por outro, são facilitadoras do contato do leitor com os clássicos, que promovem o crescimento de seu patrimônio cultural. De um modo geral, a leitura dos clássicos é frequentemente antecedida por leituras de comentários, críticas, resumos, condensações, ou mesmo de adaptações infanto-juvenis para o cinema ou para o teatro.

Antes de concluir este capítulo gostaria de ressaltar o aspecto positivo dessas coleções. Ainda que muitas vezes tenham se detido em apenas alguns dos aspectos da obra original, por que foram traduzidas para o português e vendidas a um preço baixo, essas adaptações tornaram os "clássicos" norte-americanos acessíveis ao público leitor brasileiro, tanto lingüística quanto financeiramente.

# Capítulo IV

## Da reunião em antologias de narrativas curtas traduzidas

## Antologias no mercado livreiro nacional

As antologias, também chamadas no século XIX de parnasos ou florilégios, são coletâneas de textos considerados exemplares, que podem exercer uma função pedagógica e, ao mesmo tempo, ser expressão de um cânone literário. De um modo geral, as antologias são representativas e indicadoras das preferências do momento e das mudanças de gosto de elites culturais ou do público em geral. A seleção pode ser de obras conhecidas ou então constituir compêndios de obras inéditas, ou de raridades de outro modo inacessíveis.

Os critérios de organização das antologias, ou seja, de seleção e de disposição dos textos, obedecem, em geral, a ordem cronológica ou temática (contos policiais, de natal, de aventura, de humor etc.). Nos prefácios os organizadores declaram seus objetivos, tendo freqüentemente como meta principal ser "interessante":

> A nossa principal preocupação residiu em que os contos escolhidos fossem antes de tudo, interessantes. Renome do autor, nacionalidade, assunto, estilo, época, todas essas particularidades representaram papel secundário na seleção (*Obras-primas do conto universal*, p. 3).
>
> O que pretendíamos dar, antes de tudo, era, evidentemente, um punhado de contos bonitos e interessantes, algumas centenas de páginas de leitura atraente (*Mar de histórias*, vol. 1, p. 2).
>
> O critério de escolha dos contos foi sempre o prazer da leitura, como queriam Poe e Henry James ("the ultimate test"), sem, entretanto, deixar de mostrar um mundo o mais diverso possível, constituído por

crianças, adolescentes, jovens, pessoas de meia-idade e velhos, com questões de gênero, raça, classe, relações entre pais e filhos, conflitos sociais, o caos do mundo moderno, o real e o imaginário (*Os herdeiros de Poe*, p. 7).

Além de apresentar obras interessantes, os antologistas esboçam um objetivo didático, seja o de traçar uma história da literatura internacional, ou de apresentar ao leitor o desenvolvimento de um gênero, escritores importantes e até novas maneiras de enfrentar a vida. Em todos os volumes examinados há nas notas biográficas dos autores, prefácios e introduções uma intenção didática expressa:

> Ao terminar a lista, porém, verificamos que, acidentalmente, os trabalhos escolhidos constituíam um pequeno, mas variado panorama do desenvolvimento do conto no último século, com trabalhos dos mais célebres escritores, dos mais diferentes estilos, línguas e tendências. A verdade é que ao se citar os melhores contos escritos nestas últimas décadas, cita-se, ao mesmo tempo, os maiores escritores da nossa era (*Obras-primas do conto universal*, p. 13).

> Assim, fica apresentado *O conto americano*, em cujas páginas os leitores poderão encontrar, além do gozo espiritual, ótimas mensagens para seus problemas, dada a maneira objetiva por que os escritores ianques, agora na vanguarda dos contistas, costumam encarar a vida e suas vicissitudes (*Primores do conto norte-americano*, p. 11).

> Assim o leitor, ao ler uma após outra as nossas histórias, poderá acompanhar a progressiva depuração e cristalização do gênero conto, processo esse que procuramos esclarecer, não só neste prefácio, como nas notas que precedem cada conto do livro (*Mar de histórias*, vol. 1, p. 10).

> A seleção e tradução dos trabalhos estão entregue a um grupo de escritores escolhidos entre os melhores, e no seu desenvolvimento esta Coleção constituirá, além da antologia a que nos referimos, uma história sintética da literatura mundial. Em cada volume, prefaciado sempre por um dos nossos mais conhecidos escritores, será estudada de um modo geral a literatura do país ou grupo de países a que ele se

refe, conseguindo-se assim um esboço de toda a história literária, antiga e moderna. Trata-se de um empreendimento de proporções até agora desconhecidas em nossa língua, e cujo mérito os leitores poderão em breve avaliar (*Norte-americanos antigos e modernos*, orelha).

Apesar dos esforços didáticos, outros fatores significativos interferem na escolha das obras, como a questão financeira: são os editores que investem em antologias que decidem o número de páginas no qual estão dispostos a investir. Portanto, as limitações de espaço quase sempre anunciadas nas introduções às antologias refletem apenas uma expectativa do editor em relação à demanda do mercado consumidor (LEFEVERE, 1992: 124).

Mas o espaço impõe limitações e, contra tão terrível inimigo, de nada valem argumentos ou simpatias. Talvez não haja, na tarefa do antologista, momento mais melancólico do que aquele em que começam os cortes. (*Obras-primas do conto moderno*, p. 11).

Nesta coletânea, embora – é sempre oportuno repisar – dada a exigência editorial, não possamos reunir todos os grandes contistas ianques, procuramos selecionar os mais representativos deste século e de seu antecedente (*Primores do conto norte-americano*, p. 10).

Mas o espaço, inexorável, tirânico, não permitiu a presença senão dos vinte e dois nomes incluídos (*Maravilhas do conto norte-americano*, p. 14).

Se, por critério de escolha e limitação de espaço, não foi possível contemplar a todos os grandes nomes e as grandes obras, estão aqui presentes com certeza os estilos mais representativos na palavra de autores reconhecidamente mestres da literatura e, em particular, do conto (*América*, p. 12).

Além das restrições de ordem financeira, limitadoras do espaço, os organizadores, às vezes, precisam enfrentar obstáculos de outra ordem: encontrar o material desejado e tradutores competentes somam-se a outras dificuldades como, por exemplo, a guerra (Segunda Guerra

# 124    IRENE HIRSCH

Mundial), que dificultou a importação, como se percebe na introdução de MAR DE HISTÓRIAS, assinada por Aurélio Buarque de Hollanda e Paulo Rónai:

> Poder-se-ão fazer censuras à escolha dos contos incluídos, à omissão de muitos. Não as contestaremos: a imperfeição é coisa de se esperar em livros como este. Em alguns casos, a ausência de contos que outros teriam incluído deve-se a motivos de gosto. Por outro lado, em virtude do momento em que o trabalho foi feito, tivemos de enfrentar um obstáculo especial inerente às dificuldades devidas à guerra, particularmente à falta de transporte: a impossibilidade quase absoluta de mandar vir livros europeus. Encontrar certos contos foi mais difícil do que traduzi-los. Muitas das versões que figuram aqui têm, assim, a sua história (*Mar de histórias*, vol. 1, p. 18).

Em relação ao local de produção, a maior parte das antologias brasileiras foi realizada no eixo Rio-São Paulo, de acordo com a tendência geral de concentração da produção livreira nas áreas urbanas na região centro-sul do país. Segundo Miceli, em 1937, Minas Gerais, São Paulo e Rio de Janeiro detinham 50% das gráficas, sendo 32% delas apenas em São Paulo. São Paulo, Rio de Janeiro e Rio Grande do Sul também reuniam 61% das editoras (MICELI, 1979: 84). A partir de 1948, muitas das novas editoras optaram por estabelecer-se no Rio de Janeiro. A maioria das novas firmas lutou até o fim da década de 1940. Porém, o início da nova década foi drástico: devido aos baixos impostos sobre livros importados no período de 1950 a 1954, o Brasil viu-se em 1953 com menos editoras do que em 1936, como se verifica no quadro que segue (HALLEWELL, 1985: 407):

## EDITORAS BRASILEIRAS 1936-1953

|                | 1936 | 1937 | 1944 | 1948 | 1953 |
|----------------|------|------|------|------|------|
| Rio de Janeiro | 20   | 29   | 47   | 107  | 34   |
| São Paulo      | 25   | 31   | 37   | 45   | 43   |
| Porto Alegre   | 19   | 16   | 17   | 23   | 13   |
| Salvador       | 14   | 14   | 17   | 30   | 9    |
| Belo Horizonte | 15   | 21   | *    | 15   | 12   |
| Recife         | 13   | 14   | 14   | 5    | 3    |
| Outras         | 40   | 46   | 82   | 55   | 30   |
| Total          | 146  | 171  | 214  | 280  | 144  |

O programa de publicações das principais editoras, que tinha de satisfazer as demandas do público (que eram, maioritariamente, por ficção) e, ao mesmo tempo, veicular a produção crescente da nova elite intelectual, levou-as a dividir seus lançamentos em dois tipos de coleção: a dos diversos gêneros ficcionais (com traduções dos clássicos, de literatura policial) e a de estudos brasileiros. As obras de ficção, somadas aos livros didáticos, constituíam os gêneros preferidos dos editores, por gerarem os maiores índices de lucratividade; a poesia, a história literária e a crítica não eram tão lucrativas, mas atendiam a uma demanda criada pela expansão do ensino superior.

Embora nesta pesquisa não estejam incluídas as antologias poéticas, não é possível falar em antologias sem mencionar a importância desse gênero, visto que as primeiras coletâneas de textos brasileiros foram de poemas. Desde a publicação do *Parnaso brasileiro, ou coleção das melhores poesias dos poetas do Brasil, tanto inéditas como já impressas*, do Cônego Januário da Cunha Barbosa, de 1829 e 1832, até o lançamento da *Antologia virtual*, de 1999, poesias expostas no *site* Itaú Cultural, várias foram as investidas de organizadores nesse gênero de coletâneas. Ao *Parnaso* de Januário seguiu-se o *Parnaso* de Pereira da Silva (1843-1848) e o *Florilégio* de Varnhagen (1850-1853), todos dedicados à poesia (Varnhagen realizaria também a importante coletânea de ficção em prosa *Épicos brasileiros*, de 1845).

A primeira antologia de literatura de textos traduzidos no Brasil que encontrei foi a BIBLIOTECA INTERNACIONAL DE OBRAS CÉLEBRES, composta por textos publicados em 24 volumes, ou mais precisamente, 12.288 páginas, dos "autores mais afamados dos tempos antigos, medievais e modernos". Não se sabe ao certo quem a organizou, nem quando e onde foi impressa, segundo Arnaldo Saraiva, que reconstituiu a história editorial da BIBLIOTECA. As indicações editoriais são as mesmas em todos os volumes, quais sejam: editor, Sociedade Internacional de Lisboa, Rio de Janeiro, São Paulo, Londres e Paris; redatores principais, Gabriel Victor do Monte Pereira e Manoel Cícero Peregrino da Silva. Também não há indicação de datas, mas supõe-se que teria sido impressa, possivelmente em Portugal, por volta de 1906.

A partir da década de 1940, as antologias de literatura internacional de ficção em prosa começaram a se multiplicar. Em São Paulo, em 1942, a recém-fundada editora Martins publica *Obras-primas do conto universal*, primeiro volume da coleção OBRAS-PRIMAS, organizado por Edgar Cavalheiro e Almiro Rolmes Barbosa. No Rio de Janeiro, Aurélio Buarque de Hollanda e Paulo Rónai lançam o primeiro volume de MAR DE HISTÓRIAS, ANTOLOGIA DO CONTO MUNDIAL, em 1945, coleção publicada pela José Olympio que somou dez volumes. Nesse mesmo ano, o terceiro volume da coleção CONTOS DO MUNDO, *Os norte-americanos antigos e modernos*, é publicado pela Companhia Editora Leitura.[1] Além dessas coleções, a Casa Editora Vecchi, também sediada no Rio de Janeiro lançou, nessa mesma década de 1940, sua série OS MAIS BELOS CONTOS.

Essa proliferação de coletâneas a um mesmo tempo levou os organizadores de MAR DE HISTÓRIAS a escrever uma justificativa no prefácio, para explicar o lançamento de mais um empreendimento do gênero:

> Oferecer ao público mais uma antologia de contos, depois de tantas obras congêneres que enchem as vitrinas das livrarias, é empreendimento

---

[1] Na contracapa informa-se a intenção de publicar dezoito volumes, que não consegui localizar em nenhum catálogo nem biblioteca.

que requer, senão justificativa, pelo menos elucidação. A idéia da presente obra nasceu há mais de dois anos, quando as coletâneas semelhantes em língua portuguesa eram poucas; o aparecimento sucessivo de grande número delas não nos fez desistir do projeto, por havermos verificado que o plano de todos esses livros é sensivelmente diverso do nosso. O exame de antologias de contos publicados em outros países e em outras línguas acabou por nos convencer de que a nossa tinha algo de novo, mesmo se confrontada com elas (*Mar de histórias*, vol. 1, p. 2).

A década de 1940 foi, portanto, marcada pela expansão de uma nova forma de organização da ficção em prosa traduzida, que atendeu à demanda de um mercado leitor em expansão. A grande quantidade de publicações de antologias, que ora reuniam textos de diferentes nacionalidades utilizando critérios temáticos, ora textos de mesma nacionalidade, mas de períodos e estilos distintos, significou que os editores tinham interesse na consolidação do gênero conto, no âmbito da literatura traduzida para o português.

## Contos norte-americanos em coleções brasileiras

Nesta seção, examinarei sete coletâneas diferentes que têm em sua composição contos norte-americanos traduzidos, bem como suas respectivas editoras, a saber: Biblioteca internacional de obras célebres da Sociedade Internacional; Obras-primas da Livraria Martins; Mar de histórias da José Olympio; Contos do mundo da Cia. Editora Leitura; Os mais belos contos dos mais famosos autores, da Casa Vecchi; Maravilhas do conto da Cultrix e Primores do conto da Edigraf.

Por se tratar de antologias universais, os contos de autores norte-americanos nem sempre foram publicados em volumes separados; na coleção Mar de histórias, por exemplo, os contos foram publicados em diversos volumes, em ordem cronológica, e apenas posteriormente a Ediouro lançou essas mesmas traduções em um volume único, *Contos norte-americanos*. Em função disso, observarei os critérios e a forma de organização dessas coletâneas, as traduções e os tradutores de contos norte-americanos do século XIX e XX,[2] levando em conta também aspectos históricos das editoras e de suas políticas editoriais.

Por ter colocado as publicações de autores estrangeiros no centro desta investigação, antes de passar ao exame das políticas editoriais, gostaria de dar por assente que a quantidade de títulos novos e reedições de autores nacionais, no mercado editorial brasileiro, sempre foi maior do que o número de traduções. Segundo Miceli, a partir de 1942, para cada 2,5 livros de autores estrangeiros eram lançados em média 7,5 de autores nacionais (MICELI, 1979: 77).

INÍCIO DO SÉCULO XX:
BIBLIOTECA INTERNACIONAL DE OBRAS CÉLEBRES

Os 24 volumes da BIBLIOTECA INTERNACIONAL DE OBRAS CÉLEBRES constituem o maior projeto de traduções de diversos autores reunidas dentre os abordados nesta pesquisa. Os numerosos textos que compõem a BIBLIOTECA são acompanhados de informações sobre o autor e muitas vezes de ilustrações impressas em papel *couché* e todos os volumes têm um "Índice do volume" e um "Índice das ilustrações". A escolha eclética de textos variados (poesia, ficção, teatro, ensaio, história etc.) procedentes ou referentes a sucessivas épocas reflete a monumentalidade da obra: Camões está presente com mais de 25 textos, Machado de Assis com onze textos, ao lado de Safo, Milton, Herculano, Homero, Anacreonte, Goethe, Racine, para citar alguns poucos. Fernando Pessoa aparece como tradutor de cinco poemas – traduções que, em época

---

[2] Incluí no rol das antologias examinadas *Os herdeiros de Poe, uma antologia do conto norte-americano no século XX* (MUTRAN, 1998), ampliando o *corpus* originalmente circunscrito aos escritores norte-americanos do século XIX.

VERSÃO BRASILEIRA          129

recente, foram consideradas "perdidas e descobertas por acaso".[3] Diferentemente das outras coleções examinadas, a BIBLIOTECA não segue nem a ordem cronológica nem um critério temático, reunindo todos os variados textos sob o título de "obras célebres".

Na introdução da coleção há um texto escrito especialmente por Richard Garnett[4] sobre a utilidade e o valor das antologias. Segundo o autor, dois sistemas são utilizados na organização de antologias: seleção de um crítico, o que pressupõe "fastidiosa severidade, e só pode ser posto em prática por um compilador de um gosto excepcional e consumada proficiência crítica", ou então a seleção do público, "escolhendo-se aquelas obras que se sabe terem agradado mais ao seu coração e inteligência", critério que diz ter sido adotado na coletânea que prefaciou.

Segundo Saraiva, há uma edição em castelhano, de Madri, idêntica à BIBLIOTECA no que se refere ao título, formato editorial e organização, mas com uma maior representação de autores de língua castelhana, contando com apenas um autor português e nenhum brasileiro, e tanto a edição portuguesa como a espanhola seguiram o modelo inglês de THE INTERNATIONAL LIBRARY OF FAMOUS LITERATURE, publicada pela editora Edward Lloyd, na qual abundavam autores de menor prestígio de língua inglesa, e que desprezou as literaturas de língua portuguesa, representadas apenas por Camões (SARAIVA, 1996: 6, 7).

Apesar da literatura de língua portuguesa ter sido negligenciada na edição inglesa, a edição portuguesa favoreceu a representação anglo-americana: os autores norte-americanos, objeto desta investigação, tiveram uma presença significativa. Hawthorne é publicado logo no primeiro volume com dois contos traduzidos: "A cabeça da Medusa" (I. 235), e "O palácio de Circe" (I. 488) e um terceiro conto no volume II,

---

[3] O suplemento "Letras" da *Folha de S. Paulo* de 26 de maio de 1990 publicou "Livreiro descobre e *Folha* publica cinco traduções perdidas de Pessoa". Marco Chiaretti, editor do suplemento, informava que "descobriu" as cinco traduções de poemas de Tennyson, Wordsworth, Thomas Moore, John Whittier e James Lowell numa ENCICLOPÉDIA INTERNACIONAL DE OBRAS CÉLEBRES (SARAIVA, 1996: 5).

[4] Garnett, além de dirigir o Museu Britânico, foi o tradutor de Camões para o inglês e já tinha falecido (em 1906) quando saiu a edição em português (SARAIVA, 1996: 7).

"O tosão de ouro" (II. 701). As notas biográficas que antecedem os contos são textos diferentes, o que leva a crer que foram compiladas por autores diferentes.[5] Três textos de Washington Irving foram traduzidos, "Lenda do astrólogo árabe" (VI. 2908), "Alhambra" (VII. 3305), "Lenda do legado mouro" (VII. 3459); Poe comparece em verso e prosa com a tradução de Machado de Assis de "O corvo" e com "O gato preto", traduzido por D. Mensia Mousinho de Albuquerque. Com apenas um conto traduzido há outros sete autores norte-americanos: James Fenimore Cooper, "Amaldiçoado de nascimento" (XII. 5914); Mark Twain, "Uma viagem na companhia dum reformador" (XXIII. 11423); Henry James, "O romance de uns velhos vestidos" (XIV. 7122); Thoreau, "O lago de Walden" (XVIII. 8754); Lafcadio Hearn, "Ju-Jutsu" (XXVI. 10208); Tomas Bailey Aldrich, "O 4 de julho de um garoto" (XXI. 10682); e H.G. Wells, "O raio ardente dos marcianos" (XXIV. 11968).

Os norte-americanos também estão representados com ensaios políticos e textos de estadistas como "Minha juventude", de Benjamin Franklin (XIV. 6734); "Oração de Gettysburgo", de Lincoln (XVIII. 8928); "Cidadão duma democracia", de Roosevelt (XXIV. 12008); "Alocução de despedida", de Washington (XIV. 6792); e "A crise americana", de Tom Paine (XIV. 6763).

As primeiras páginas de todos os volumes apresentam os redatores principais:

Gabriel Victor do Monte Pereira – Diretor da Biblioteca Nacional de Lisboa

Manoel Cícero Peregrino da Silva – Diretor da Biblioteca Nacional do Rio de Janeiro

Marcelino Menéndez y Pelayo – Diretor da Biblioteca Nacional de Madri

Ricardo Garnett – Diretor da Biblioteca do Museu Britânico

Leon Vallée – Bibliotecário da Biblioteca Nacional de Paris

---

[5] Saraiva sugere que essa repetição de contos de um mesmo autor no mesmo volume "talvez denuncie uma primeira publicação em fascículos, ou em volumes separados, prática ao tempo ainda pouco usada, se não evidencia alguma desorganização, patente a outros níveis. (SARAIVA, 1996: 8).

Ainsworth R. Spofford – Diretor da Biblioteca do Congresso em Washington.

Alois Brandl – Professor de Literatura da Universidade de Berlim

Ricardo Palma – Diretor da Biblioteca Nacional de Lima

José Henrique Rodó – Diretor da Biblioteca Nacional de Montevidéu

José Toribio Medina – Professor da Universidade de Santiago do Chile

David Peña – Professor da Universidade de Buenos Aires

Justo Sierra – Ministro de Instrução Pública do México

Os colaboradores brasileiros também são elencados: José Veríssimo (Rio de Janeiro), Vicente de Carvalho (São Paulo), Arthur Orlando (Pernambuco), Reis Carvalho (Maranhão), Constancio Alves (Bahia), Lindolfo Collor (Rio Grande do Sul) e João Ribeiro (Sergipe). Do mesmo modo, os colaboradores e críticos especiais internacionais: Gonzalo Bulnes (Chile), Eugênio Larrabure Y Unanue e José de la Riva Aguero (Peru), Augustin Alvarez e Carlos Octavio Bunge (Argentina), Juan Zorrilla de San Martin (Uruguai), Francisco Sosa e Luis Urbina (México), Manuel Sanguilly e Rafael Montoro (Cuba), Teófilo Braga e D. Carolina Michaëlis de Vasconcellos (Portugal), Paulo Fourget e Fernando Brunetière (França), Alois Brandl (Alemanha), Mauricio Maeterlinck (Bélgica), Pasquale Villari (Itália), Visconde de Vogüé (Rússia), Bret Harte e Henrique S. Williams (América do Norte), Sir Walter Besant e Andrew Lang (Inglaterra) e Miguel Unamuno e Condessa de Pardo Bazán (Espanha).

Como se pode observar, intelectuais do porte de José Veríssimo, Vicente de Carvalho, Teófilo Braga, D. Carolina Michaëlis de Vasconcellos, Bret Harte e Miguel Unamuno estiveram envolvidos com a coleção, o que aponta para sua credibilidade e importância. Além disso, percebe-se que o grupo de colaboradores foi composto por personalidades ilustres de diferentes nacionalidades de modo a legitimar sua "internacionalidade".

Saraiva diz que embora sejam poucas as coleções da BIBLIOTECA atualmente existentes em Portugal, ela deve ter sido feita lá, de acordo com a prática corrente no século XIX de se imprimir na Europa livros e publicações destinadas ao Brasil (SARAIVA, 1996: 12). Havia poucos editores no começo do século XX no Brasil, sendo que os principais editores da década 1900-1910, no Rio de Janeiro, eram Laemmert, Garnier, Francisco Alves, Jacinto e Quaresma, e a livraria Teixeira, em São Paulo (MICELI, 1979: 69).

Apesar de não ser citada em obras bibliográficas há testemunhos de figuras importantes da literatura de língua portuguesa que atestam a presença da BIBLIOTECA no Brasil e em Portugal. O depoimento mais sentimental é o de Carlos Drummond de Andrade, que em *Quase memórias* fala da emoção que sentiu ao ver chegar a BIBLIOTECA a sua casa quando tinha cerca de dez anos (ele nasceu em 1902). Também sobre a coleção, publicou o poema *Biblioteca verde* no livro *Menino antigo (Boitempo -II)* (1983):

> *Biblioteca Verde*
> Papai, me compra a Biblioteca Internacional
> de Obras Célebres
> São só 24 volumes encadernados
> em percalina verde.
> Meu filho, é livro demais para uma criança.
> Compra assim mesmo, pai, eu cresço logo.
> Quando crescer eu compro. Agora não.
> Papai, me compra agora. É em percalina verde,
> só 24 volumes. Compra, compra, compra.
> Fica quieto, menino, eu vou comprar.
> Rio de Janeiro? Aqui é o Coronel.
> Me mande urgente sua Biblioteca
> bem acondicionada, não quero defeito.
> Se vier com arranhão recuso, já sabe:
> quero devolução de meu dinheiro.
> Está bem, Coronel, ordens são ordens.
> Segue a Biblioteca pelo trem-de-ferro,
> fino caixote de alumínio e pinho.
> Termina o ramal, o burro de carga
> vai levando tamanho universo.
> Chega cheirando a papel novo, mata
> de pinheiros toda verde. Sou

o mais rico menino destas redondezas.
(Orgulho, não: inveja de mim mesmo.)
Ninguém mais aqui possui a coleção
das Obras Célebres. Tenho de ler tudo.
Antes de ler, que bom passar a mão
no som da percalina, esse cristal
de fluída transparência: verde, verde.
Amanhã começo a ler. Agora não.
Agora quero ver figuras. Todas.
Templo de Tebas, Osíris, Medusa,
Apolo nu, Vênus nua... Nossa
Senhora, tem disso tudo nos livros?
Depressa, as letras. Careço ler tudo.
A mãe se queixa. Não dorme este menino.
O irmão reclama: apaga a luz, cretino!
Espermacete cai na cama, queima
a perna, o sono. Olha que eu tomo e rasgo
essa Biblioteca antes que peque fogo
na casa. Vai dormir, menino, antes que eu perca
a paciência e te dê uma sova. Dorme,
filhinho meu, tão fraquinho.
Mas leio. Em filosofias
tropeço e caio, cavalgo de novo
meu verde livro, em cavalarias
me perco, medievo; em contos, poemas
me vejo viver. Como te devoro,
verde pastagem. Ou antes carruagem
de fugir de mim e me trazer de volta
à casa a qualquer hora num fechar
de páginas?
Tudo o que sei é ela que me ensina.
O que saberei, o que não saberei nunca,
está na Biblioteca em verde murmúrio
de flauta-percalina eternamente.

## 134    IRENE HIRSCH

Lima Barreto em *O cemitério dos vivos* (1920), romance inacabado em que registra suas experiências no manicômio, conta as desventuras de Vicente Mascarenhas, funcionário público frustrado, cuja vida infeliz conduz à depressão, ao alcoolismo e, finalmente, ao internamento no Hospício Nacional de Alienados, na Urca. Nas passagens selecionadas, Lima Barreto menciona a coleção:

> Logo ao entrar na seção, no meado do dia da segunda-feira, notei que a biblioteca tinha mudado de lugar. Mudei a roupa, pois meu irmão me apareceu com outra de casa. Esperei o Dias, que me marcasse o dormitório, e sentei-me na biblioteca e estava completamente desfalcada!
>
> Não havia mais o Vapereau, *Dicionário das literaturas*; dois romances de Dostoiévski, creio que *Les Possédés, Les Humilliés et Offensés*; um livro de Mello Morais, *Festas e tradições populares do Brasil.* O estudo sobre Colbert estava desfalcado do primeiro volume; a *História de Portugal,* de Rebelo da Silva também, e assim por diante. Havia, porém, em duplicado, a famosa *Biblioteca internacional de obras célebres.*
>
> Às vezes, para variar, ia até lá e pegava ao acaso um volume da *Biblioteca internacional de obras célebres* e lia. Foi aí que se me ofereceu pela primeira vez o ensejo de ler uma carta de Heloísa e a biografia de Abelardo, por Lewis, o célebre biógrafo de Goethe e amante não menos célebre de George Eliot.

Outro testemunho é o de Fernando Pessoa, num texto sobre o mercado e a indústria editorial em Portugal e no Brasil:

> Edições de obras, que a isso se prestem, em fascículos ou tomos, não, é claro, no gênero dos romances populares, ou obras semelhantes, que se vendam por aquele processo, mas antes do gênero da *Biblioteca internacional de obras célebres,* que teve uma venda magnífica no Brasil, ou do gênero dicionário, enciclopédia ou antologia.[6]

---

[6] Ver V. Antônio Quadros, *Obras de Fernando Pessoa,* vol. III, Porto: Lello&Irmão, 1986, p. 1240-1245.

É evidente, pois, a importância que a presente coletânea teve na formação não apenas do público interessado em literatura em geral, mas também naquele que acabaria por fazer dela sua principal atividade.

## Década de 1940: Obras-Primas

A Livraria Martins, fundada em 1941, em São Paulo, publicou várias coletâneas de textos traduzidos de diferentes nacionalidades, com destaque para a sua coleção Obras-primas, que trouxe autores como Mark Twain, O. Henry e Edgar Allan Poe, entre outros. Segundo Mário da Silva Brito, a Livraria Martins surgiu num momento em que o complexo cultural brasileiro estava em pleno desenvolvimento. No caso paulistano, a criação recente da Universidade de São Paulo e do Departamento de Cultura, este organizado por Mário de Andrade, estimulou o advento de outras manifestações de arte, de novas formas de pensar, e reformularam as exigências do consumidor de livros. Os colaboradores da Martins, ou seja, os organizadores de coletâneas, os tradutores e os assessores, eram, em geral, integrantes dessas duas instituições, como por exemplo, Rubens Borba de Morais, Sérgio Milliet, Mário de Andrade, João Cruz da Costa, Eurípides Simões de Paula, Herbert Baldus, Pierre Monbeig e Donald Pierson (Brito, 1967: 22). Cumpre ressaltar que, apesar de sua importância no quadro geral de publicações de literatura traduzida, a editora tinha como prioridade publicar autores brasileiros: em 1972 já tinha impresso cerca de cinco milhões de exemplares, de um total de 1.100 títulos, com destaque para 90% de autores nacionais (Paixão, 1998: 114).

A introdução, as notas, a compilação e a tradução de *As obras-primas do conto universal* são creditadas a Almiro Rolmes Barbosa e Edgard Cavalheiro (também organizadores de *Obras-primas do conto moderno*). Os dois declaram na introdução ao volume, de agosto de 1942, que o critério principal da seleção foi "que os contos fossem, antes de tudo, interessantes", que fossem representativos de todos os gêneros, picarescos, humorísticos, líricos, psicológicos e misteriosos (*Obras-primas do conto universal*, 1942: 13). A edição que consultei (a 3ª) é ilustrada com retratos dos autores feitos por Urban. O volume é composto de 21 contos, com uma introdução e notas biográficas que, acompanhadas dos respectivos retratos, antecedem as traduções. Estas são creditadas aos organizadores, exceto as de Katherine Mansfield, traduzida por Erico Verissimo, Pirandello por Francisco Pati e O. Henry por Brito Broca. A coletânea de Edgard Cavalheiro foi um sucesso de vendas:

> Aproximadamente na mesma época, década de 1940, Martins encarregou Edgard Cavalheiro do preparo de duas coletâneas de contos, uma de escritores brasileiros e outra de estrangeiros. Esta última, ainda que restrita a autores mortos e obrigada a excluir (devido à extensão ou problemas de direitos autorais reservados) Dostoiévski, Bret Harte, Flaubert, Hawthorne, O. Henry, Kipling, Poe e Mark Twain, entre outros, foi um completo êxito para os padrões da época: sua primeira edição de 2500 exemplares foi vendida em vinte dias (HALLEWELL, 1985: 416).

Os volumes publicados pela Martins na coleção OBRAS-PRIMAS e seus devidos organizadores são os que seguem:

> *Obras-primas do conto universal*, A. Barbosa e E. Cavalheiro
> *Obras-primas do conto moderno*, A. Barbosa e E. Cavalheiro
> *Livro de Natal*, Araújo Nabuco
> *Obras-primas do conto fantástico*, Jacob Penteado
> *Obras-primas do conto norte-americano*, Sérgio Milliet
> *Obras-primas do conto humorístico*, Sérgio Milliet
> *Obras-primas do conto policial*, Luis Martins
> *Obras-primas do conto de suspense*, Luis Martins
> *Obras-primas da novela universal*, Mário da Silva Brito
> *Obras-primas do conto de terror*, Jacob Penteado
> *Obras-primas do conto italiano*, Jacob Penteado
> *Obras-primas do conto francês*, Jacob Penteado
> *Obras-primas do conto russo*, Homero Silveira

*Histórias de Cristo*, Mário da Silva Brito
*Obras-primas da lírica brasileira*, E. Cavalheiro e M. Bandeira
*Obras-primas do conto brasileiro*, E. Cavalheiro
*Antologia do folclore brasileiro*, Luis da Câmara Cascudo

Nem sempre a editora Martins deu os créditos aos tradutores ou publicou contos inéditos; no volume *Obras-primas do conto norte-americano* (1958), organizado por Sérgio Milliet, por exemplo, as traduções de alguns contos já haviam sido publicadas pela antologia da editora Leitura (1945). As traduções feitas por Lívio Xavier, Lia Corrêa Dutra e João Cabral de Melo Neto de "O poço e o pêndulo" (Poe), "Uma rosa para Emily" (Faulkner) e "O ousado rapaz do trapézio" (Saroyan) respectivamente não aparecem nos créditos. As traduções dos contos de Herman Melville, Theodor Dreiser, Jack London, Sherwood Anderson e Sinclair Lewis desse mesmo volume foram devidamente creditadas aos tradutores, mas não há menção de que já haviam sido publicadas anteriormente – no total, dos quinze contos traduzidos de *Obras-primas do conto norte-americano*, oito já tinham sido publicados pela Leitura. Acompanhando as notas sobre o autor encontra-se, em todos os contos também respectiva foto.

Desses quinze contos, seis são de escritores do século XIX, a saber: "O poço e o pêndulo" de Poe, "A história de Town-ho" de Melville, "Uma curiosa aventura" de Twain, "Um peregrino apaixonado" de James, "O quarto mobiliado" de O. Henry, e "Acender um fogo" de London.

Anos mais tarde o Círculo do Livro também reeditou antigas traduções da Martins. Mas novamente sem dar os devidos créditos aos tradutores.

## Década de 1940: Contos do mundo

A Cia. Editora Leitura foi constituída a partir da revista crítica e bibliográfica *Leitura*, fundada em dezembro de 1942, no Rio de Janeiro. A orientação de esquerda da editora Leitura pode ser percebida pela

138    IRENE HIRSCH

seleção de suas publicações, entre elas: obras de interesse afro-brasileiro (*Zumbi dos Palmares*, de Leda Maria de Albuquerque, *A actualidade de Nina Rodrigues*, de Augusto Lins e Silva); a *Trágica vida de Miguel Ângelo*, de Romain Rolland; a denúncia ficcional contra o comércio da borracha do Amazonas, em forma de ficção, *A voragem*, do colombiano José Eustacio Rivera; as traduções de Agnes Smedley, desde suas exposições sobre a miséria provocada pela pobreza na zona rural de Winsconsin, até os relatos de como o Exército Vermelho de Mao Tsé-Tung estava resistindo aos japoneses. A revista *Leitura* terminou em 1968, mas a editora ainda existia em 1975, quando publicou a *História das lutas do povo brasileiro*, de José Barbosa Mello (HALLEWELL, 1985: 49).

Na década de 1940, a Leitura publicou a coleção CONTOS DO MUNDO, da qual *Os norte-americanos antigos e modernos* (1945) é o terceiro volume de uma série de dezoito. A coleção foi um projeto ambicioso que se destinava a ser, mais do que uma antologia, uma "história sintética da literatura universal". O primeiro volume a ser publicado foi *Os russos antigos e modernos*.

Em cada volume, prefaciado sempre por um dos nossos mais conhecidos escritores, será estudada de um modo geral a literatura do país ou grupo de países a que ele se refere, conseguindo-se assim um esboço de toda a história literária, antiga e moderna. Trata-se de um empreendimento de proporções até agora desconhecidas em nossa língua, e cujo mérito os leitores poderão em breve avaliar.

A coleção CONTOS DO MUNDO constará de 18 volumes, pelo menos, contemplando a nossa América com 5 volumes. Destes, um será dedicado ao Brasil (*Os norte-americanos antigos e modernos* 1945: orelha).

*Os norte-americanos antigos e modernos* é um livro volumoso de 480 páginas, sem ilustrações. A coordenação é atribuída a Vinícius de Morais, a apresentação assinada por Orígenes Lessa, as extensas notas biográficas feitas por Tati de Melo Moraes e há ainda um prefácio traduzido. Os quarenta contos norte-americanos selecionados foram traduzidos por tradutores ilustres, encontrando-se nesse volume vários autores da Geração de 45 em início de carreira: Marques Rebelo, Afonso Arinos de Melo Franco, Décio Almeida Prado, Rubem Braga, Rachel de Queiroz, Lauro Escorel, Julieta Drummond de Andrade, Carlos Lacerda e Antonio Candido, para citar alguns. Essas traduções foram reimpressas posteriormente por outras editoras, mas nem sempre receberam o devido crédito.

Foram traduzidas as seguintes narrativas curtas de ficção em prosa norte-americanas do século XIX: "Uma ocorrência na ponte de Owl Creek" de Ambrose Bierce, "A noiva chega a Yellow Sky" de Stephen Crane, "Uma freira da Nova Inglaterra" de Mary Freeman, "Os exilados de Poker Flat" de Bret Harte, "O herói misterioso" de Nathaniel Hawthorne, "Rip van Winkle" de Washington Irving, "Quatro encontros" de Henry James, "Acender um fogo" de Jack London, "A história de Town Ho" de Herman Melville, "O poço e o pêndulo" de Edgar Allan Poe, "A dama ou o tigre" de Franck Stockton, "O noivado infeliz de Aurélia" de Mark Twain, e "A missão de Jane" de Edith Wharton.

Apesar da monumentalidade do projeto e do cuidado com as traduções que, somados ao pioneirismo da iniciativa, fizeram com que a coleção CONTOS DO MUNDO se tornasse um marco na história de antologias brasileiras, além de *Os norte-americanos antigos e modernos* encontrei apenas o primeiro volume da coleção, não podendo comprovar se os dezoito do projeto foram materializados.

### DÉCADA DE 1940: MAR DE HISTÓRIAS

A Livraria José Olympio Editora foi fundada em São Paulo, a 29 de novembro de 1931, quando José Olympio deixou a gerência da Casa Garraux para se tornar livreiro-editor. Em maio de 1934 mudou-se para o Rio de Janeiro e instalou a sede da editora na rua do Ouvidor nº 110, endereço que abrigaria um pólo produtor e irradiador de cultura no Rio de Janeiro da década de 1930. Ali se reuniam pessoas ilustres como Graciliano Ramos, Jorge Amado, Portinari, José Lins do Rego,

Rachel de Queiroz, para discutir as grandes questões nacionais; Carlos Drummond de Andrade sugere que a orientação socialista adotada pela literatura brasileira naquela época (1935-37) foi resultado da interação entre os freqüentadores da rua do Ouvidor (HALLEWELL, 1985: 365). Graciliano Ramos faz uma descrição da livraria em crônica chamada "Livraria José Olympio":

> É uma galeria muito vasta onde figuram críticos, sociólogos, ficcionistas, ensaístas etc. A pintura está representada por Santa Rosa e Portinari.
>
> Nessa camaradagem, em que as fronteiras sociais desaparecem, misturam-se as artes, tudo se aproxima. Luís Jardim ganha diversos prêmios, abandona os pincéis e muda-se para o campo dos escritores. Gilberto Freyre, Almir de Andrade e Hermes Lima não têm aparência de professores, e dificilmente se poderia saber que o Peregrino Júnior, Gastão Cruls e Rui Coutinho são médicos (VILLAÇA, 2001: 164).

A editora José Olympio foi uma das pioneiras em trazer os clássicos de literatura estrangeira para o Brasil e para isso contratou escritores já consagrados, ou que mais tarde ganhariam renome, como Rachel de Queiroz, José Lins do Rego, Alceu Amoroso Lima, Guilherme de Almeida, Rubem Braga, para citar alguns, que dessa forma obtinham uma renda suplementar, ao mesmo tempo em que a editora assegurava-se de que os livros seriam bem escritos.[7]

Foi no âmbito dessa política editorial que surgiu a coleção MAR DE HISTÓRIAS, ANTOLOGIA DO CONTO MUNDIAL, organizada por Aurélio Buarque de Hollanda e Paulo Rónai e publicada em 1945. Foi composta de dez volumes e responsável pela apresentação entre nós de muitos dos clássicos internacionais da narrativa curta. Os contos, dispostos em seqüência cronológica, vão desde a origem até o pós-guerra.

---

[7] O primeiro livro que José Olympio editou foi uma tradução e um sucesso de vendas: *How to psychoanalyse yourself*, de Joseph Ralph, foi traduzido por José de Almeida Camargo com o título *Conhece-te pela psicanálise* (VILLAÇA 2001: 73).

O primeiro volume da coleção, *Das origens ao século XVIII*, é constituído de 37 contos universais; o primeiro conto traduzido é egípcio, a que se seguem traduções do hebraico, grego, latim, hindu, turco, árabe, persa, chinês, italiano, espanhol, francês, alemão, russo, húngaro, cheremisso (sic), além de um conto popular esquimó da literatura groenlandesa, traduzido do dinamarquês. Os organizadores traduziram quarenta dos cinqüenta contos do volume e para os contos escritos em egípcio, sânscrito, chinês, persa, árabe e cheremisso foram feitas traduções indiretas; as outras dez traduções foram creditadas a seus autores. O volume é ilustrado e todos os textos são antecedidos por notas explicativas.

Essas traduções foram reeditadas posteriormente pela Ediouro e pela Nova Fronteira. A Ediouro mudou o formato da coleção: reuniu as nacionalidades diferentes em volumes separados, *Contos ingleses, Contos italianos, Contos russos, Contos franceses, Contos alemães, Contos norte-americanos* traduzidos por Aurélio Buarque de Hollanda e Paulo Rónai. Neste último há traduções de quinze autores norte-americanos apresentados em ordem cronológica. Destes oito são do período investigado nesta pesquisa: de Washington Irving, "Rip van Winkle"; de Nathaniel Hawthorne, "David Swan"; dois contos de Edgar Allan Poe, "O homem da multidão" e "A carta furtada"; de Bret Harte, "A sorte do acampamento uivante"; de Mark Twain, "O homem que corrompeu Hadleyburg"; de Henry James, "Brooksmith" e de O. Henry, "O quarto mobiliado".

### Década de 1940: Os mais belos contos dos mais famosos autores

A Casa Editora Vecchi, do Rio de Janeiro, publicou na década de 1940 uma série de antologias dirigidas ao público juvenil. Os diferentes volumes da coleção foram divididos por temas e vários autores norte-americanos, como Edgar Allan Poe, Mark Twain e O. Henry, entre outros, foram traduzidos por nomes como, por exemplo, Manuel Silva, Gilberto Galvão, Alfredo Ferreira. Encontrei dez volumes, organizados tematicamente, com títulos bastante originais, como "contos para ler a dois" ou "contos galantes", como se pode ver na lista que segue:

*Os mais belos contos de amor dos mais famosos autores*

*Os mais belos contos galantes dos mais famosos autores*

*Os mais belos contos humorísticos e satíricos dos mais famosos autores*

*Os mais belos contos terroríficos dos mais famosos autores*

*Os mais belos contos românticos dos mais famosos autores*

*Os mais belos contos norte-americanos dos mais famosos autores*

*Os mais belos contos franceses dos mais famosos autores*

*Os mais belos contos para ler a dois dos mais famosos autores*

*Os mais belos contos burlescos, irônicos e sarcásticos dos mais famosos autores*

*Os mais belos contos policiais dos mais famosos autores*

A coletânea que interessa a esta pesquisa, a que reúne contos de autores norte-americanos sob o título *Os mais belos contos norte-americanos dos mais famosos autores*, é composta de 25 traduções feitas por Edison Carneiro, Frederico dos Reys Coutinho, Alfredo Ferreira e J. da Cunha Borges. No final da edição há informações sobre os autores em seção intitulada "Apontamentos bio-bibliográficos". Dos autores do século XIX foram publicados os contos "Rip van Winkle", de Irving; "David Swan", de Hawthorne; "O quarto mobiliado", de O. Henry; "A pipa de amontillado", de Poe; "Quando eu era secretário de um senador", de Twain; "O grande silêncio branco", de London; e "Os proscritos de Poker Flat", de Harte.

Sobre as publicações da Vecchi há um depoimento com um matiz fortemente sentimental de Ignácio Loyola Brandão, publicado no *Estado de S. Paulo*, em 22 de março de 2002:

Meu deslumbramento na infância foi uma coleção da Editora Vecchi, *Os Mais Belos Contos de Fadas*. Os primeiros que ganhei foram os iugoslavos. Vieram depois os russos, os ingleses, franceses, tive todos, ganhava no ritmo de um por ano, eram livros de aniversário ou

Natal. Volumes gigantes, capas coloridíssimas, atraentes, com dragões, duendes, gigantes, ogros, princesas diáfanas. Princesas. Eu as amava. A Vecchi desapareceu, nunca mais vi a coleção.

O testemunho de Loyola sobre essa coleção da Vecchi, assim como o poema de Drummond sobre a Biblioteca internacional, ambos relatos saudosistas da infância, são mostras de que o público das antologias também era o leitor infantil. E que essas coleções foram marcantes para futuros criadores de literatura.

### Década de 1950: Maravilhas do conto

Nos anos de 1950, a Cultrix desempenhou um papel importante no âmbito da publicação de contos traduzidos. A editora foi criada sob a direção de Edgard Cavalheiro, em 1955, subsidiária da EDIPE, para publicações de textos literários, particularmente clássicos brasileiros, história, teoria literária, lingüística e séries como "Roteiro das grandes literaturas", "Momentos históricos" (Hallewell, 1985: 256).

A série Maravilhas do conto, composta de antologias de autores diferentes, somada às publicações de contos reunidos de um só autor resultam em uma quantidade significativa de literatura norte-americana traduzida. Os tradutores são nomes conhecidos como José Paulo Paes,[8] Olívia Krahenbühl, Yolanda Toledo, Alzira Machado Kawal, Octavio Mendes Cajado e Araujo Nabuco. Essas traduções foram posteriormente republicadas pelo Círculo do Livro e pela Fundação Dorina Nowell para Cegos.

---

[8] Embora José Paulo Paes tenha participado ativamente nessas coletâneas, traduzindo três dos autores mais importantes (Poe, Bret Harte e O. Henry), não há menção desses trabalhos em seu livro *Tradução, a ponte necessária*: na seção "Principais traduções – obras do autor" apenas são mencionadas as traduções de poesia. Essa omissão pode dever-se ao menor prestígio de tradução de prosa em relação à tradução de poesia.

Segundo Hallewell, Diaulas Riedel, à frente da Cultrix – uma das editoras brasileiras mais acusadas de violar direitos autorais –, admitiu ter publicado ocasionalmente excertos sem permissão. Pelo artigo 666 do Código Civil, um autor podia incorporar partes de obras publicadas a seu próprio texto, "desde que este fosse de natureza científica ou tivesse propósito literário, didático ou religioso". A promulgação da lei nº 5.988-73, artigo 49, na década de 1970, declarava ilegal a inclusão não autorizada de obras literárias em antologias. Além disso, estabeleceu-se uma cobrança de 5% sobre obras de domínio público, que deveria ser pago ao Fundo de Direito Autoral (essa cobrança seria posteriormente revogada). (HALLEWELL, 1985: 441 e 442). A Cultrix não só deixou de pagar direitos autorais como também, muitas vezes, publicou contos que já haviam sido publicados por outras editoras, sem qualquer alusão ao fato.

O volume *Maravilhas do conto norte-americano*, de 1957, é composto de 22 contos traduzidos, com introdução e notas de Edgard Cavalheiro, diretor da editora, organização de Diaulas Riedel e com seleção de John C. W. Smith. Não há menção aos nomes de tradutores, mas na contracapa estão impressos créditos para T. Booker Washington, que teria revisto as traduções, Mogens Ove Österby, criador da capa, e D. Nasi, autor dos desenhos.

Ao examinar as traduções, constatei que os contos "O caso de Paulo", de Willa Cather, e "Uma rosa para Emily", de Faulkner, já haviam sido publicados anteriormente pela Leitura (1945) e pela Martins (1958); o primeiro traduzido por Julieta Drummond de Andrade e o último por Lia Correia Dutra. Na introdução, Edgar Cavalheiro dá indicações implícitas de que se baseou em *Os norte-americanos antigos e modernos*, da Leitura, para organizar o volume: os autores publicados são praticamente os mesmos, com exceção de Lafcadio Hearn e Edna Ferber, presentes apenas na antologia da Cultrix, e a lista dos autores que não figuram na antologia são aqueles publicados pela Leitura. Além disso, Cavalheiro cita Morton Dawen Zabel, autor da introdução da antologia de 1945, com as exatas palavras da tradução de Celia Neves, fato que exclui a possibilidade de ele ter lido o original de Zabel.

Dos escritores norte-americanos oitocentistas foram publicadas traduções dos contos "O espectro do noivo" de Washington Irving, "David Swan" de Nathaniel Hawthorne, "O romance da virgem esquimó" de Mark Twain, "A fortuna do campo trovejante" de Bret Harte, "O coração revelador" de Edgar A. Poe, "O menino que desenhava gatos" de Lafcadio Hearn, "Prisão sem grades" de O. Henry e "O inesperado" de Jack London.

Alguns volumes foram organizados por temas e outros por nacionalidades, como se vê na lista a seguir:

*Maravilhas do conto universal*

*Maravilhas do conto norte-americano*

*Maravilhas do conto inglês*

*Maravilhas do conto italiano*

*Maravilhas do conto espanhol*

*Maravilhas do conto português*

*Maravilhas do conto alemão*

*Maravilhas do conto hispano-americano*

*Maravilhas do conto feminino*

*Maravilhas do conto bíblico*

*Maravilhas do conto amoroso*

*Maravilhas do conto de aventuras*

*Novelas norte-americanas*

*Novelas inglesas*

A Cultrix lançou volumes de contos reunidos de um só autor norte-americano, que posteriormente foram publicados pelo Círculo do Livro, traduzidos por José Paulo Paes, Olívia Krähenbühl, Araujo Nabuco, Alzira Kawall , Octavio Mendes Cajado, Marques Rebelo e Yolanda Toledo:

*Histórias extraordinárias*

*Contos de Nathaniel Hawthorne*

*Histórias de Jack London*

*Histórias de O. Henry*
*Melhores contos de Bret Harte*
*Contos de Stephen Crane*
*Melhores contos de Herman Melville*
*Contos de Allan Poe*
*Contos de Mark Twain*

Nessa iniciativa de reunir narrativas de ficção em prosa curta por autor a Cultrix foi pioneira, o que significou, na prática, que os escritores ficassem conhecidos por meio de um número maior de obras. Para fins desta pesquisa foram selecionados apenas os volumes que contemplavam os escritores norte-americanos do século XIX. Considerando-se o volume de edições, a variedade temática e seu caráter inovador, pode-se dizer que a Cultrix é uma das editoras que mais se destacou, após sua criação nos anos de 1950, no setor de publicação de contos traduzidos.

## DÉCADA DE 1960: PRIMORES DO CONTO

Em 1963, Álvaro Pacheco, juntamente com Odylo Costa, Cícero Sandroni e Pedro Penner da Cunha fundaram a Edigraf, Editora e Gráfica Ltda., com um pequeno parque gráfico na Praça Cruz Vermelha, no Rio de Janeiro. Álvaro Pacheco, nascido em 26 de novembro de 1933, no Piauí, fez os seus primeiros estudos em Teresina e após o curso ginasial foi para o Rio de Janeiro. A partir de 1963, a sua atividade se centralizou nos setores jornalísticos e na indústria editorial e gráfica. Em 1969, a Edigraf foi fechada e Álvaro Pacheco se concentrou na Editora Artenova. Durante seu breve período de existência, a Edigraf publicou contos traduzidos na *Antologia da literatura mundial*, em dois volumes, e em uma coleção intitulada PRIMORES DO CONTO, composta de dez volumes, sem indicação de datas, organizados por Jacob Penteado, cada um dedicado a uma nacionalidade, a saber:

*Primores dos contos espanhóis*
*Primores do conto italiano*
*Primores dos contos ingleses*
*Primores do conto francês*
*Primores do conto norte-americano*
*Primores do conto português*
*Primores dos contos russos*
*Primores do conto alemão*

O volume *Primores do conto norte-americano*, que é de interesse para este trabalho, é constituído de dezessete contos selecionados e organizados por Jacob Penteado. Há uma breve introdução, "O conto americano", na qual o português João Gaspar Simões, organizador da antologia *Os melhores contos americanos* publicada em Portugal, em 1943, é citado, fato que comprova a influência de seu trabalho no Brasil. Três traduções da antologia portuguesa foram utilizadas, sem terem recebido os devidos créditos, assim como também não há indicação dos nomes dos tradutores dos outros contos. O livro não tem ilustrações, contando apenas com breves notas sobre o autor antes de cada conto.

Um simples cotejo demonstrou que o conto de Thomas Bailey Aldrich, "O 4 de julho de um garoto", é uma reprodução da versão do mesmo conto publicado na BIBLIOTECA INTERNACIONAL DE OBRAS CÉLEBRES; a tradução de "Elinora", de Pearl Buck, é igual à publicada pela Martins em *Obras-primas do conto norte-americano* (1958); e os três contos iguais aos da editora Portugália são "O funeral de um negro", de Faulkner, com tradução de Tomaz Kim, "Os assassinos", de Hemingway, com tradução de João de Oliveira, e "70.000 assírios", de William Saroyan, traduzido por Tomaz Kim.

As versões do fragmento original transcrito a seguir de "O 4 de julho de um garoto", de Thomas Bailey Aldrich, são idênticas nas duas publicações em português (Sociedade Internacional e Edigraf), e uma comparação com o original torna claro tratar-se de uma mesma tradução:

Our little party which had picked up recruits here and there, not being swayed by eloquence, withdrew to a booth on the outskirts of the crowd, where we regaled ourselves with root beer at two cents a glass. I recollect being much struck by the placard surmounting this tent:

ROOT BEER

SOLD HERE

It seemed to me the perfection of pith and poetry. What could be more terse? Not a word to spare, and yet everything fully expressed. Rhyme and rhythm faultless. It was a delightful poet who made those verses.

O nosso pequeno grupo, que tinha recebido reforços aqui e ali, como não ligava muita importância à eloqüência, retirou-se para uma barraca mais afastada da multidão, onde nos regalamos com capilé a dois cêntimos o copo. Lembro-me de me ter feito muita impressão a taboleta dessa barraca:

O capilé,

Aqui é que é.

Parecia-me a perfeição da força e da poesia. Que podia haver de mais terso?

Nem uma palavra a mais, e, todavia, tudo estava tão inteiramente expresso! A rima e o ritmo eram inexcedíveis. Era um mimoso poeta quem fizera aqueles versos.

Como se vê, a adaptação do trecho rimado com o vocábulo "root beer" para "capilé", além da tradução de "cents" para "cêntimos", ou mesmo o emprego de vocábulos singulares como "mimoso poeta" ou "ritmo inexcedível" são provas irrefutáveis de que se trata de uma reprodução de um mesmo texto.

Outros contos norte-americanos do século XIX publicados nessa coletânea foram "A experiência do Dr. Heidegger" de Hawthorne, "A pipa de amontillado" de Poe, "O homem sem pátria" de Hale, "A nota de um milhão de libras esterlinas" de Twain, "Os desterrados de Poker Flat" de Harte, e "O grande silêncio branco" de London.

O fato de serem vários os textos em prosa norte-americanos publicados, nem sempre significou que o número destes fosse proporcional ao número de coletâneas. O que fica reiterado com essas publicações, e com as posteriores, é que, muitas vezes, as editoras retomaram várias das traduções aqui referidas.

## Outras antologias de autores norte-americanos

Os contos traduzidos de escritores norte-americanos foram publicados em outras antologias, além das mencionadas. Como dito anteriormente, a coletânea portuguesa de João Gaspar Simões, *Os melhores contos americanos*, de 1943, foi modelo de similares aqui no Brasil, sendo que algumas de suas traduções foram reproduzidas.

A Ediouro reuniu em um só volume as traduções de Aurélio Buarque de Hollanda e Paulo Rónai, publicadas originalmente na série MAR DE HISTÓRIAS, da José Olympio. *Contos norte-americanos* é constituído de quinze traduções de diferentes escritores norte-americanos. A edição traz apenas um breve prefácio e algumas notas informativas sobre os autores.

Outras editoras a publicarem narrativas curtas norte-americanas foram a Bruguera, a Caravela, a Lidador, a Olavobrás, a Dantes e, mais recentemente, a Iluminuras.

A Bruguera publicou *As melhores histórias insólitas*, coletânea composta de dezoito contos de escritores de diversas nacionalidades. Em lugar de um prefácio há uma "advertência", onde se encontra uma definição de "insólito" como "o que não acontece habitualmente, desusado, incrível, desacostumado", e a justificativa para a reunião dos diversos escritores é "apenas fatos que se justapõem no cotidiano dos personagens e o transformam em acontecimento único, determinante, catalisador de emoções e sensibilidades agudíssimas". Não há menção do autor do texto introdutório, nem de datas e tampouco os nomes dos tradutores são mencionados. Três norte-americanos examinados nesta pesquisa constam da publicação: Edgar Allan Poe, Nathaniel Hawthorne e Washington Irving.

A Civilização Brasileira reuniu, em 1978, sob o título *Os mais extra-ordinários contos de surpresa* autores de narrativas curtas de diferentes nacionalidades. O responsável pela seleção e organização é James Monahan, e o volume é uma tradução de *Masterpieces of Surprise*, da Hart Publishing Company (1966). Dos dezenove contos traduzidos, sete são de autores norte-americanos pesquisados neste trabalho como Stockton, Irving, Bierce, London e Henry, este último comparecendo com três textos.

A coletânea *Os mais belos contos norte-americanos* foi organizada por Therson Santos, em 1961, e publicada pela editora Caravela, no Rio de Janeiro.

A editora carioca Lidador publicou, em 1967, *Sete novelas clássicas*, tradução da coletânea norte-americana organizada por Philip Rahv, em 1963, intitulada *Eight Great American Short Novels*. A mudança no título de "oito" para "sete" novelas é indicadora de que um dos contos do conjunto original foi cortado. Herman Melville, Henry James, Stephen Crane, Edith Wharton, Sherwood Anderson, William Faulkner e William Styron foram traduzidos, mas o conto "Wise Blood", de Flannery O'Connor, foi excluído.

No final do século XX, novas antologias de escritores norte-americanos foram publicadas. Em 1998, Munira Mutran organizou *Os herdeiros de Poe, uma antologia do conto norte-americano no século XX*, com quinze contos norte-americanos traduzidos em grande parte por professores universitários como a própria organizadora Munira Mutran, Luiz Angélico da Costa, Marisis Camargo, Carlos Daghlian e Sérgio Bellei, que foram publicados pela editora Olavobras. Como o título indica, trata-se de uma coletânea de escritores do século posterior ao examinado nessa pesquisa, como Alice Walker, Conrad Aiken, William Faulkner e Thomas Wolf, para citar alguns.

Em 2000, a editora Dantes reuniu tematicamente contos de Jack London, Stephen Crane e Rudyard Kipling, no volume "A história mais bela do mundo; três contos do mar", traduzidos por Pedro Süssekind.

No ano seguinte, em 2001, a editora paulista Iluminuras lançou *América, clássicos do conto norte-americano*. A coletânea é constituída de onze contos traduzidos por Celso Paciornik, que assina a "nota introdutória". O critério expresso para a reunião dos autores foi a "trajetória da construção do gênero ao longo do século XIX até o início do século XX", embora, de início, afirme que "organizar uma mostra significativa de contos norte-americanos é uma tarefa espinhosa e delicada" (PACIORNIK, 2001: 11). Do *corpus* deste trabalho, foram traduzidos Hawthorne, Poe, Melville, Twain, Bierce, James, Garland, Wharton, Crane, London.

## CONCLUSÃO

Todas as antologias aqui analisadas, consideradas em seu conjunto, constituem um importante instrumento de transferência de literatura dos Estados Unidos para o Brasil no panorama da literatura traduzida, com especial atenção a um determinado gênero de ficção em prosa, os contos e as novelas, ou seja, às narrativas curtas. Depoimentos de notáveis escritores nacionais, como, por exemplo, Carlos Drummond de Andrade, atestam a importância desse intercâmbio. Se não podemos dizer que a literatura norte-americana oitocentista aqui traduzida foi determinante na formação da literatura brasileira, ao menos fica evidente que diversos escritores nacionais cultivaram-na dentro do cenário amplo da literatura universal.

Grande parte desses escritores norte-americanos foi traduzida pela primeira vez, no começo do século XX, na BIBLIOTECA INTERNACIONAL DE OBRAS CÉLEBRES, e posteriormente, em meados do século, por importantes editoras, como a José Olympio, Martins, Leitura, Vecchi, Cultrix, entre outras. É notável o fato de algumas dessas editoras nem sempre terem atribuído os créditos dos textos aos respectivos tradutores. No entanto, não é uma coincidência que quatro dessas casas tenham lançado projetos editoriais parecidos na década de 1940. Foi nesse período, no pós-Segunda Guerra Mundial, que a sociedade industrial se consolidou no Brasil, gerando uma expansão do mercado nacional de publicações, abrindo espaço para a difusão dos clássicos norte-americanos no Brasil.

# Considerações finais

A proposta de trabalhar com textos que foram marginalizados, mas que, em sua forma original, também foram canonizados me pareceu instigante. Esse paradoxo é uma decorrência da concepção de que a tradução de textos literários não necessariamente gera textos considerados literários pela crítica especializada. Principalmente no que tange às adaptações de obras clássicas, essa crítica identifica a formação de um subgrupo situado no subúrbio do sistema literário. Os objetivos pedagógicos dessas adaptações seriam em grande parte responsáveis por essa condição, uma vez que cumprem o papel de agentes desintegradores da qualidade literária do texto.

Além disso, no campo da tradução literária no Brasil, ao longo do século XX, ainda pesou, em larga escala, o preconceito em relação à tradução de prosa, considerada menos nobre do que a de poesia e, portanto, relegada a um plano inferior. No rol de suas criações, importantes tradutores não fazem constar as traduções de romances, restringindo-se a enumerar as poesias sobre as quais haviam se debruçado. Por não corresponder às aspirações literárias de vários dos escritores, e por se tratar de trabalhos de encomenda, várias traduções de ficção em prosa se tornaram obras bastardas. Por conseguinte, seria muito pouco provável que os escritores aplicassem receitas do romance experimental e fizessem traduções estrangeirizadoras ou se empenhassem em inovar quando do exercício desse ofício. Procurar soluções inovadoras era tarefa do tradutor de poesia, que fazia seu trabalho por gosto ou por prestígio e não por necessidade.

156    IRENE HIRSCH

Ínfimos são os estudos acadêmicos sobre um objeto tão pouco digno de menção. Não há interesse por parte dos estudiosos de escritores canonizados como, por exemplo, Clarice Lispector, Rachel de Queiroz, Marques Rebelo ou Genolino Amado em conhecer as adaptações que estes fizeram dos clássicos, por considerá-las indignas de apreciação.

Esboça-se, no entanto, no meio acadêmico, um certo interesse em historicizar as traduções e as adaptações dos clássicos. É principalmente a partir da década de 1990 que se desenvolvem pesquisas que visaram a imprimir um sentido histórico ao estudo da tradução, com forte influência dos DTS. Exemplos são o livro de John Milton, *O Clube do Livro e a tradução* (EDUSC, 2002), a tese de Adriana Pagano, *Percursos críticos e tradutórios da nação: Argentina e Brasil* (UFMG, 1996), a tese de Ofir Bergemann sobre *Les Misérables*,[1] a de Márcia Martins sobre *Hamlet*,[2] a dissertação de Adriana Vieira sobre *Peter Pan*,[3] a de Guy de Holanda sobre Steinbeck,[4] além de minha própria dissertação de mestrado sobre *Moby-Dick*.

Essas pesquisas apontam para o reconhecimento da importância histórica das traduções de obras literárias na formação de nosso repertório intelectual. As traduções e as adaptações, geralmente situadas à margem das grandes obras, devem ser justapostas à produção de livros consagrados, integradas ao conjunto do patrimônio cultural nacional.

Com o presente trabalho procurei demonstrar que as traduções e adaptações da ficção norte-americana oitocentista no Brasil, apesar de muitas vezes se revelarem conservadoras, formal e ideologicamente, foram ao mesmo tempo progressistas por oferecerem ao público leitor a oportunidade de conhecer importantes obras que, de outra forma, seriam inacessíveis. Essa ambivalência se fez sentir tanto nas traduções quanto nas adaptações.

---

[1] AGUIAR, (1997). *Uma reescritura brasileira de Os miseráveis*, Unesp.

[2] MARTINS, (1999). *A instrumentalidade do modelo descritivo para a análise de traduções: o caso dos Hamlets brasileiros*, PUC-SP.

[3] VIEIRA, (1998). *Um inglês no sítio de Dona Benta: estudo da apropriação de Peter Pan na obra infantil lobatiana*, Unicamp.

[4] HOLANDA, (2002). *Luta incerta - uma tradução engajada de Steinbeck no Brasil*, Unesp.

Para entender melhor essa ambigüidade na avaliação, basta lembrar do caráter socializador da indústria cultural. A cultura de massas, ao mesmo tempo em que serviu de instrumento para a intervenção ideológica norte-americana, também democratizou a informação. O aumento da quantidade de leitores, o barateamento do livro, a criação de um parque industrial do livro são conseqüências benéficas dessa massificação, que, dessa forma, também colaborou para a modernização cultural da sociedade brasileira.

A americanização do setor livreiro brasileiro não se deu de forma passiva, como exposto ao longo deste trabalho; ao encontrar resistência por parte de setores da sociedade, provocou uma reação que, em última instância, resultou em uma apropriação de valores culturais norte-americanos. Como se sabe, a assimilação cultural não se dá por imitação, mas é um processo que implica uma recriação.

Há que se lembrar também das modificações no relacionamento entre Brasil e Estados Unidos, ocorridas ao longo dos séculos XIX e XX. Processos como o crescimento da indústria editorial nacional, o crescimento do público consumidor de livros e a expansão da educação de base ocorreram de maneira desigual, configurando situações e contextos diversos. O crescente envolvimento da cultura brasileira com a cultura norte-americana em diferentes momentos históricos, na República Velha, na era Vargas, no novo contexto da Segunda Guerra, no Brasil desenvolvimentista de Juscelino Kubitschek, e no subseqüente período da ditadura, tinge-se de matizes diferentes.

Além disso, o desenvolvimento da indústria cultural no Brasil se processou paralelamente ao desenvolvimento, em muito maior escala, dessa mesma indústria nos Estados Unidos. A forte interferência das adaptações de obras literárias para o cinema feitas por Hollywood – quando ainda era uma nascente indústria norte-americana – no volume das edições e das adaptações das mesmas histórias é o indício mais forte das importantes inter-relações entre a cultura de massa no Brasil e nos EUA.

Por mais intrusiva que tenha sido a presença cultural norte-americana por meio das traduções, ela não resultou na desagregação do sistema literário brasileiro. Pelo contrário, ao garantir a sobrevivência de editoras e, ao mesmo tempo, assegurar o ganha-pão de muitos escritores, possibilitou e materializou projetos outros, de maior prestígio intelectual, que, por não serem lucrativos, ou economicamente viáveis, talvez não pudessem ter sido realizados de outro modo.

Cito, à guisa de ilustração, duas coleções da antiga editora Globo, a AMARELA e a NOBEL. A primeira voltada para a edição de romances policiais, na época uma espécie de subgênero, enquanto a coleção NOBEL só publicava livros de "prestígio incontestável". Ambas tiveram a mesma duração (25 anos), sendo que a última, ao contrário da AMARELA, apresentou altos e baixos marcantes (AMORIM, 2000: 91). Ou seja, a coleção de menor prestígio deu sustentação financeira à coleção de maior prestígio, que "influenciou toda uma geração de leitores". Ao mesmo tempo, a desprestigiada coleção AMARELA também supriu as necessidades financeiras de importantes nomes ligados às letras, como Marques Rebelo, Mário Quintana, Herbert Caro e Erico Verissimo.[5] Com este exemplo, sugiro que a relação da literatura nacional com a literatura traduzida ocorreu em circunstâncias semelhantes, e que houve momentos nos quais as traduções financiaram projetos literários nacionais.

Ainda sobre o caráter conservador ou progressista das obras examinadas nesta investigação, há que se trazer para a discussão as complexas relações entre cultura de massa e cultura erudita, e suas respectivas posições relativas no interior do sistema literário. As traduções de ficção em prosa de escritores norte-americanos do século XIX se situam na interseção das duas culturas, na medida em que são cultura de massa produzida a partir da cultura erudita. Advém daí a sua intrínseca ambivalência, e por isso emprestam os dois olhares e partilham os dois pontos de vista, ora conservador ora progressista, dependendo do âmbito considerado. Do ponto de vista da cultura erudita, da cultura universitária, as traduções têm um caráter conservador, são dominadas pela

---

[5] Tal era o desprestígio da série que seis títulos são assinados por Gilberto Miranda, pseudônimo de Veríssimo (AMORIM, 2000: 81).

ideologia dominante e por interesses mercadológicos que, na maior parte das vezes, são cerceadores da criação literária. Do ponto de vista de seu papel social, essa produção editorial ocupa um lugar de destaque na estruturação do sistema de chegada.

O sujeito criador, dividido entre as tarefas de tradutor e de escritor, magnifica essa separação entre o massificado e o erudito. Ou seja, ele traduz para o mercado, mas escreve para uma elite. E a crítica cristaliza essa oposição.

Além disso, são os críticos da massificação, integrantes da cultura de elite, os responsáveis pela produção de tecnologia, a partir de apuradas pesquisas universitárias, para que os elementos mecânicos e eletrônicos da indústria editorial possam trabalhar a contento. Ou seja, para entender a recepção de uma obra estrangeira, nesta investigação o processo de importação brasileira de literatura dos EUA, há que se levar em conta as contradições inerentes a esse processo, que fazem dele um fenômeno tanto conservador quanto progressista.

Nesta investigação busquei entender a posição da literatura norte-americana traduzida no mercado editorial brasileiro e, para melhor estabelecer essa relação procurei situá-la historicamente, examinando-a no quadro das relações Brasil–EUA. Meu intuito foi mostrar como a americanização do Brasil se deu de forma singular, produzindo novas formas de manifestação cultural; se, por um lado, representou uma invasão, por outro, também implicou uma renovação.

A meu ver, compreender a integração de uma obra estrangeira em um espaço literário, seja ele qual for, sem identificar uma apropriação de bens literários e lingüísticos é pressupor a existência de uma oposição binária simplista entre espaços literários dominantes e espaços dominados. Diferentemente, no universo literário as relações são de natureza mais complexa. A dependência não se exerce de maneira unívoca, ainda que possamos identificar a dominância de determinados modelos literários sobre outros. O problema que se coloca aqui é, pois, o dos descaminhos pelos quais o jogo de poder se manifesta entre meios literários.

Barthes, ao discorrer sobre o poder, assim define a relação entre este e a linguagem:

A razão dessa resistência e dessa ubiqüidade [do poder] é que o poder é o parasita de um organismo trans-social, ligado à história inteira do homem, e não somente à sua história política, histórica. Esse objeto em que se inscreve o poder, desde toda eternidade humana, é: a linguagem – ou, para ser mais preciso, sua expressão obrigatória: a língua (BARTHES, 1992: 12).

Uma vez que poder e linguagem estão intrinsecamente vinculados, não há porque minimizar as inúmeras implicações que a apropriação de bens simbólicos envolve, que vão da formação do gosto à escolha do modelo econômico e político adotados por uma sociedade. Tais vínculos se apresentam no espaço literário de modo peculiar, com nuances que apontam para o processo contraditório e por vezes paradoxal que caracteriza os processos culturais.

Porque os mecanismos de dominação se confundem – se justapõem, se complementam e se excluem –, minha meta nesta investigação foi a de apreender a ambivalência das relações de dominação no universo literário no processo de integração das obras norte-americanas oitocentistas ao espaço literário nacional. A mostra mais palpável dessa ambivalência é a própria feição da prosa norte-americana traduzida no Brasil.

# CORPUS

Este corpus compõe-se das obras traduzidas, e publicadas em forma de livro, no Brasil, de escritores norte-americanos de ficção em prosa do século XIX. As datas das traduções brasileiras referem-se à primeira edição, para que a informação sobre o tempo decorrido entre a publicação do original e o da tradução esteja marcada. Os romances estão classificados por data de publicação do original e da tradução, separados nos respectivos blocos de autores.

No entanto, esse critério foi possível de ser mantido apenas em relação aos romances ou novelas. No caso de autores que também publicaram contos, a forma de reuní-los atendeu a diferentes padrões editoriais, discutidos neste trabalho. As editoras brasileiras nem sempre copiaram o modelo do original norte-americano, e nestes casos o título do original não está incluído na listagem que segue.

ALCOTT, LOUISA MAY (1832-88)
(1868-9) LITTLE WOMEN
(s/data) *Mulherzinhas*
Trad. Godofredo Rangel
São Paulo: Companhia Editora Nacional
Col. Biblioteca das moças

(1953) *Quatro irmãs*
S/tradutor
São Paulo: Saraiva

(1965) *Mulherzinhas*
Trad. José Alvisana
São Paulo: Paulinas
Col. Primavera

(1969) *As filhas do dr. March*
Trad. Herberto Sales
Rio de Janeiro: Ediouro
Col. Elefante e Calouro

(1969) *Quatro irmãs*
Trad. Aristides Barbosa e
M. J. Schmidt
São Paulo: Clube do livro

(1972) *Mulherzinhas*
Trad. Herberto Sales
São Paulo: Abril
Col. Clássicos da literatura juvenil

(1978) *Mulherzinhas*
Trad. Jose Antonio Vidal Sales
Rio de Janeiro: Ebal
Col. Maravilhosa

(1995) *Mulherzinhas*
Trad. Cristina Porto
São Paulo: Globo
Col. Grandes clássicos juvenis

(1995) *Adoráveis mulheres*
S/tradutor
São Paulo: Loyola

(1995) *Mulherzinhas*
Trad. Eduardo Carvalho
São Paulo: Musa
Col. Quatro estações

(1995) *Mulherzinhas*
Trad. Sonia Coutinho
Rio de Janeiro: Ediouro
Col. Clássicos de bolso

(1998) *Mulherzinhas*
Trad. Claúdia Moraes
São Paulo: Ática
Col. Eu leio

(2000) *Mulherzinhas*
Trad. Marcus Bagno
São Paulo: Melhoramentos
Col. Obras-primas universais

(1868-9) Good Wives
(1935) *Boas esposas*
Trad. Genolino Amado
São Paulo: Companhia Editora Nacional
Col. Biblioteca das moças

(1957) *Esposas exemplares*
Trad. Nair Lacerda
São Paulo: Saraiva

(1965) *As mulherzinhas crescem*
S/tradutor
São Paulo: Paulinas
Col. Primavera

(1875) Eight Cousins
(1967) *Oito primos*
Trad. Egle Refinetti
São Paulo: Paulinas
Col. Primavera

(1876) Rose in Bloom
(s/data) *Rosa em flor*
S/tradutor
São Paulo: Paulinas
Col. Primavera

(1886) Jo's Boys
(1962) *Rapaziada de Jó*
Trad. M.Z. Camargo
São Paulo: Paulinas
Col. Primavera

(1973) *Rapaziada de Jó*
Trad. M.Z. Camargo
São Paulo: Abril
Col. Clássicos da literatura juvenil

(1974) *Colégio diferente*
Trad. Herberto Sales
Rio de Janeiro: Ediouro
Col. Elefante

(1888) A GARLAND FOR GIRLS
(1998) *A herança*
Trad. Vitoria Mantovani
São Paulo: Círculo do livro

(1994) A LONG FATAL LOVE CHASE
(1996) *Longa e fatal caçada amorosa*
Trad. Vera Maria Marques
São Paulo: Círculo do livro
Col. Best sellers

BIERCE, AMBROSE (1842-1914)
(1911) THE DEVIL'S DICTIONARY
(1959) *O dicionário do diabo*
Trad. Marina Guaspari
São Paulo: Prometeu

(1999) *O dicionário do diabo*
Trad. Carmen Seganfredo
Clássicos mercado aberto

(1971) *O rio da Coruja e outras histórias*
Trad. Jaime Rodrigues
Rio de Janeiro: Bruguera

(1999) *Visões da noite: histórias de terror sarcástico*
Trad. Heloisa Seixas
Rio de Janeiro: Record

(s/data) *No meio da vida*
S/tradutor
Rio de Janeiro: Artenova

BURNETT, FRANCES E. HODGSON
(1849-1924)
(1886) LITTLE LORD FAUNTLEROY
(1966) *Pequeno lorde, o*
Trad. Euclides C. da Silva
São Paulo: Paulinas
Col. Primavera

(1970) *Pequeno lorde, o*
Trad. Edmundo Lys
Rio de Janeiro: Ediouro
Col. Até 12 anos

*Pequeno lorde, o*
Trad. Mirinha de Lacerda
(s/data) São Paulo: Melhoramentos
(1973) São Paulo: Abril
Col. Clássicos da literatura juvenil

(1982) *Pequeno lorde, o*
Trad. A. B. Pinheiro Lemos
Rio de Janeiro: Record

(s/data) *Pequeno lorde, o*
Trad. Virginia Lefevre
São Paulo: Ed. do Brasil

## 164 IRENE HIRSCH

(1911) THE SECRET GARDEN
(1974) *Jardim secreto, o*
Trad. Paulo Silveira
Rio de Janeiro: Ediouro
Col. Até 12 anos

(1993) *Jardim secreto, o*
Trad. Ana Maria Machado
Rio de Janeiro: Ed. 34

(s/data) *Pequena princesa, a*
Trad. Oswaldo Waddington
Rio de Janeiro: Ediouro
Col. Elefante

### CHOPIN, KATE O'FLAHERTY
### (1851-1904)
(1899) THE AWAKENING
(1994) *Despertar, o*
Trad. Celso Paciornik
São Paulo: Estação Liberdade

### COOPER, JAMES FENIMORE
### (1789-1851)
(1821) THE SPY
(s/data) *Espião, o*
S/tradutor
São Paulo: Otto Pierre
Col. Grandes romances históricos

(s/data) *Espião, o*
S/tradutor
Porto Alegre: Globo
Col. Universo

(1822) THE PIRATE
(s/data) *Pirata e a feiticeira, o*
Rio de Janeiro: Vecchi
Col. Os audazes

(1956) *Os piratas do fogo-fátuo*
Trad. Celestino da Silva
Rio de Janeiro: Vecchi
Col. Os audazes

(1823) THE PILOT
(1956) *Piloto, o*
Trad. Celestino da Silva
Rio de Janeiro: Vecchi
Col. Os audazes

(s/data) *Piloto, o*
S/tradutor
Porto Alegre: Globo

(1826) THE LAST OF THE MOHICANS
(1932) *Último mohicano, o*
Trad. Oswaldo Castro
Rio de Janeiro: Guanabara

(1935) *Último dos moicanos, o*
Trad. Agripino Griecco
São Paulo: Companhia Editora Nacional
Col. Terramarear

(1947) *Filho do sol, o*
Trad. Alfredo Ferreira
Rio de Janeiro: Vecchi
Col. Os audazes

*Último dos moicanos, o*
Trad. Fabio Valente
(1955) São Paulo: W.M.Jackson
(1956) São Paulo e Rio de Janeiro: Mérito

## VERSÃO BRASILEIRA     165

(1959) *Último moicano, o*
Trad. Jarmart Moutinho Ribeiro
São Paulo: Melhoramentos
Col. Obras célebres

(1962) *Último dos moicanos 1 e 2, o*
Trad. José Maria Machado
São Paulo: Clube do Livro

(1963) *Último dos mohicanos, o*
Trad. Helcio de Oliveira Coelho
Belo Horizonte: Itatiaia

*Último dos moicanos, o*
Trad. Miécio Tati
(1972) São Paulo: Abril
Col. Clássicos da literatura juvenil
(1982) Rio de Janeiro: Ediouro
Col. Elefante
(1986) São Paulo: Círculo do Livro

(1992) *Último moicano, o*
Trad. Ruy Jungmann
Rio de Janeiro: Ediouro
Col. Clássicos de bolso

(1995) *Último dos moicanos, o*
Trad. Ricardo Azevedo
São Paulo: Globo
Col. Grandes clássicos juvenis

(1997) *Último moicano, o*
Trad. Luiz Antonio Aguiar
São Paulo: Melhoramentos
Col. Clássicos ilustrados

(s/data) *Último moicano, o*
S/tradutor
São Paulo: Hemus
Col. Clássicos ilustrados

(s/data) *Último dos moicanos, o*
S/tradutor
São Paulo: Ed.e Publ. Brasil
Col. Viagens e Aventuras

(s/data) *Último dos mohicanos*
S/tradutor
Belo Horizonte: Itatiaia

(1827) THE PRAIRIE
(1946) *Pradaria, a*
Trad. Marina Sales Goulart de Andrade
Rio de Janeiro: Vecchi
Col. Os audazes

(1827) THE RED ROVER
(s/data) *Corsário vermelho, o*
Trad. Godofredo Rangel
São Paulo: Companhia Editora Nacional
Col. Terramarear

(s/data) *Corsário vermelho, o*
S/tradutor
Rio de Janeiro: Vecchi
Col. Os audazes

(1841) THE DEERSLAYER
(1840) THE PATHFINDER
(1963) *Caçador e patrulheiro*
Trad. Maria Luiza Porto
São Paulo: Melhoramentos
Col. Obras célebres

## CRANE, STEPHEN (1871-1900)
(1895) THE RED BADGE OF COURAGE
*Emblema rubro de coragem, o*
Trad. Brenno Silveira
(s/data) Rio de Janeiro: Civilização
Brasileira
(1963) Rio de Janeiro: B.U.P.

(1986) *Emblema rubro de coragem, o*
Trad. Milton Persson
Porto Alegre: L&PM

(s/data) *Glória de um covarde, a*
S/tradutor
Rio de Janeiro: Nova Fronteira

(1971) *Glória de um covarde, a*
Trad. Clarice Derviche Barbosa
Rio de Janeiro: Bruguera
Col. Livroscope

(2000) *A glória de um covarde*
S/tradutor
Rio de Janeiro: Lacerda

*(Melhores) Histórias de Stephen Crane*
Trad. Octavio Mendes Cajado
(1965) São Paulo: Cultrix
(1986) São Paulo: Círculo do Livro

(s/data) *Demônio familiar: antologia*
Trad. Jaime Rodrigues
Rio de Janeiro: Bruguera
Col. Trevo negro

## CRAWFORD, FRANCIS MARION (1854-1909)
(1909) THE WHITE SISTER
(s/data) *Irmã branca, a*
Trad. Euclides Andrade
São Paulo: Companhia Editora Nacional
Col. Biblioteca das moças

## DANA, RICHARD HENRY, JR. (1815-82)
(1840) TWO YEARS BEFORE DE MAST
(s/data) *A hiena dos mares*
Trad. Persiano da Fonseca
Rio de Janeiro: Vecchi
Col. Os audazes

## HARTE, FRANCIS BRET (1836-1902)
*Melhores contos de Bret Harte*
Trad. Marques Rebelo, Yolanda Toledo
e José Paulo Paes
(1964) São Paulo: Cultrix
(1987) São Paulo: Círculo do Livro

## HAWTHORNE, NATHANIEL (1804-64)
(1828) FANSHAWE
(1952) *Fauno de mármore, o*
S/tradutor
Rio de Janeiro: Cruzeiro

(1966) *Fauno de mármore, o*
Trad. Constantino Paleologo
Rio de Janeiro: Ediouro
Col. Clássicos de bolso

(1992) *Fauno de mármore, o*
Trad. Sonia Régis
Rio de Janeiro: Nova Fronteira

(1850) THE SCARLET LETTER
(1949) *Letra escarlate, a*
Trad. Isaac Mielnik
São Paulo: Clube do Livro

*Letra escarlate, a*
Trad. A Pinto de Carvalho
(1957) São Paulo: Saraiva
(1988) Rio de Janeiro: Ediouro

(1991) *Letra escarlate, a*
Trad. P. Craig Russell
São Paulo: Abril
Col. Classics illustrated

(1851) THE HOUSE OF SEVEN GABLES
(1950) *Casa das sete torres, a*
Trad. Elaine Farhat Sirio
São Paulo: Clube do Livro

*Casa das sete torres, a*
Trad. Ligia Autran R. Pereira
(1960) São Paulo: Martins
(1983) São Paulo: Abril
(1983) São Paulo: Círculo do Livro

(s/data) *Casa das sete torres, a*
Trad. David Jardim Junior
Rio de Janeiro: Ediouro
Col. Clássicos de bolso

*(Melhores) (Mais brilhantes) Contos de Nathaniel Hawthorne*
Trad. Olívia Krähenbühl
(1964) São Paulo: Cultrix
(1966) Rio de Janeiro: Ediour
(1988) São Paulo: Círculo do Livro

(1991) *Experimento do Dr. Heidegger*
Trad. Olívia Krähenbühl
Rio de Janeiro: Ediouro
Col. Clássicos de bolso

(s/data) *Minotauro e outras lendas gregas*
Trad. Origenes Lessa
Rio de Janeiro: Ediouro

(s/data) *Cabeça da medusa e outras lendas gregas*
Trad. Origenes Lessa
Rio de Janeiro: Ediouro
Col. Calouro

(1974) *Palácio de Circe e outras lendas gregas*
Trad. Origenes Lessa
Rio de Janeiro: Ediouro

## HENRY, O. (1862-1910)

*(Melhores)(Os mais brilhantes contos) Histórias de O. Henry*
Trad. Alzira Machado Kawall e José Paulo Paes
(1964) São Paulo: Cultrix
(1966) Rio de Janeiro: Ediouro
(1987) São Paulo: Círculo do Livro

## 168     IRENE HIRSCH

(1988) *Caminhos do destino e outros contos*
Trad. Alzira Machado Kawall e José Paulo Paes
Rio de Janeiro: Ediouro

(1987) *O presente dos magos*
Trad. Alzira Machado Kawall e José Paulo Paes
Curitiba: Livraria Curitiba

(1971) *Páginas da vida*
Trad. Helio Pinheiro Carneiro
Rio de Janeiro: Bruguera
Col. Livroscope

(1973) *A última folha*
Trad. Regina Regis Junqueira
Belo Horizonte: Itatiaia
Col. Rosa dos ventos

(1992) *Presente de natal e outras histórias*
Trad. Gary Gianni
São Paulo: Abril
Col. Abril jovem

(s/data) *Melhores contos de O. Henry*
Trad. Caio de Freitas
Rio de Janeiro: Bloch

### IRVING, WASHINGTON (1783-1859)
(1819) RIP VAN WINKLE
(1993) *Rip wan Winkle*
Trad. Tatiana Belinky
São Paulo: Ática
Col. Clara luz

(1820) THE LEGEND OF SLEEPY HOLLOW
(1972) *O cavaleiro sem cabeça*
Trad. Rolando Roque da Silva
São Paulo: Clube do Livro

(2000) *A lenda do cavaleiro sem cabeça*
S/tradutor
São Paulo: Nova Alexandria

(1829) A CHRONICLE OF THE CONQUEST OF GRANADA
(1943) *Conquista de Granada*
Trad. João Tavora
Pan americana

### JAMES, HENRY (1843-1916)
(1878) THE EUROPEANS
(1994) *Europeus, os*
Trad. Laura Alves
Rio de Janeiro: Ediouro
Col. Clássicos de bolso

(1879) THE MADONNA OF THE FUTURE
(1997) *Madona do futuro, a*
Trad. Arthur Nestrovski
Rio de Janeiro: Imago
Col. Lazuli

(1879) DAISY MILLER
(1879) AN INTERNATIONAL EPISODE
(1991) *Daisy Miller e Um incidente internacional*
Trad. Onédia C. P. de Queiroz
Rio de Janeiro: Imago
Col. Lazuli

## VERSÃO BRASILEIRA    169

(1881) WASHINGTON SQUARE
(1955) *Herdeira, a*
Trad. Ondina Ferreira
São Paulo: Saraiva

*Herdeira, a*
Trad. Berenice Xavier
(s/data) São Paulo: Civilização Brasileira
(1984) São Paulo: Abril

*Herdeira, a*
Trad. Newton Goldman
(1995) Rio de Janeiro: Nova Fronteira
(1996) São Paulo: Círculo do Livro

(1881) PORTRAIT OF A LADY
(1995) *Retrato de uma senhora*
Trad. Gilda Stuart
São Paulo: Companhia das Letras

(1888) THE ASPERN PAPERS
(1984) *Papéis de Aspern, os*
Trad. Alvaro Antunes
Minas Gerais: Interior

(1984) *Papéis de Aspern, os*
Trad. Maria Luiza Penna
São Paulo: Global
Col. Armazém do tempo

(1889) THE TURN OF THE SCREW
(1961) *Outra volta do parafuso*
Trad. Brenno Silveira
Rio de Janeiro: Civilização Brasileira
Col. Biblioteca do leitor moderno

*Volta do parafuso, a*
Trad. Olívia Krähenbühl
(1971) São Paulo: Clube do Livro
(1993) Rio de Janeiro: Ediouro

(1972) *Inocentes, os*
Trad. Marques Rebelo
Rio de Janeiro: Ediouro
Col. Elefante

(1980) *Inocentes, os*
Trad. Wallace Leal Rodrigues
São Paulo: O Clarim

(1988) *Inocentes, os*
Trad. Cláudia Lopes
São Paulo: Scipione
Col. Reencontro

(s/data) *Inocentes, os*
S/tradutor
Rio de Janeiro: Ediouro
Col. Clássicos de bolso

(1892) THE LESSON OF THE MASTER
(1997) *Lição de mestre, a*
Trad. Afonso Teixeira Filho
São Paulo: Paz e Terra
Col. Leitura

(1893) THE PRIVATE LIFE
(2001) *Vida privada e outras histórias, a*
Trad. Onédia Celia Pereira Queiroz
São Paul9o: Nova Alexandria

(1893) THE WHEEL OF TIME
(1971) *Roda do tempo*
Trad. Leonidas G. de Carvalho
Rio de Janeiro: Civilização Brasileira

(1897) WHAT MAISIE KNEW
(1994) *Pelos olhos de Maisie*
Trad. Paulo Henriques Brito
São Paulo: Companhia das Letras

(1902) THE WINGS OF THE DOVE
(1998) *Asas da pomba, as*
Trad. Marcos Santarrita
Rio de Janeiro: Ediouro

(1884) LADY BARBERINA AND
THE TURN OF THE SCREW
(1972) *Lady Barberina e Outra volta do parafuso*
Trad. Leonidas Carvalho e
Brenno Silveira
São Paulo: Abril
Col. Os imortais

(1903) THE BEAST IN THE JUNGLE
(1985) *Fera na selva, a*
Trad. Fernando Sabino
Rio de Janeiro: Rocco
Col. Novelas Imortais

(1892) THE PUPIL
(2000) *Pupilo, o*
Trad. Andre Cardoso
Rio de Janeiro: Imago
Col. Biblioteca Alumni

(1909) FOUR MEETINGS
(1986) *Quatro encontros, os*
Trad. Aristides Barbosa
São Paulo: Clube do Livro

(1895) THE DEATH OF A LION
(1993) *Morte do leão, a*
Trad. Paulo Henriques Brito
São Paulo: Companhia das Letras

(1994) *Até o último fantasma*
Trad. José Paulo Paes
São Paulo: Companhia das Letras

(1885) THE ART OF THE NOVEL
(1995) *Arte da ficção*
Trad. Daniel Piza
Imaginário

GUSTAVE FLAUBERT
(2000) *Gustave Flaubert*
S/tradutor
7 Letras

LONDON, JACK (1876-1916)
(1902) A DAUGHTER OF THE SNOWS
(1934) *Filha da neve, a*
Trad. Monteiro Lobato
São Paulo: Companhia Editora Nacional
Col. Terramarear

(1973) *Filha das neves, a*
Trad. Jose Maria Machado
São Paulo: Clube do Livro

(1903) THE CALL OF THE WILD
(1935) *Grito da selva, o*
Trad. Monteiro Lobato
São Paulo: Companhia Editora Nacional
Col. Paratodos

## VERSÃO BRASILEIRA

(1956) *Grito da selva, o*
S/tradutor
Rio de Janeiro: Ebal
Edição Maravilhosa

(1967) *Chamado selvagem*
Trad. Clarice Lispector
Rio de Janeiro: Ediouro
Col. Elefante e Calouro

(1967) *Vozes da floresta, as*
Trad. Luiz Roberto Vidal
São Paulo: Clube do Livro

(1972) *Chamado selvagem*
Trad. Sylvio Monteiro
São Paulo: Abril
Col. Clássicos da literatura juvenil

(1974) *Apelo da selva, o*
Trad. Rui Silva
São Paulo: Abril
Col. Grandes sucessos

(1995) *Chamado da floresta*
Trad. Luiza Helena Martins Correia
São Paulo: Ática
Col. Eu leio

(1996) *Chamado da floresta, o*
Trad. Celia Eyer
Rio de Janeiro: Newton
Col. Clássicos econômicos

(1997) *Chamado selvagem*
Trad. Luiz Antonio Aguiar
São Paulo: Melhoramentos
Col. Clássicos ilustrados

(1904) THE SEA WOLF
(1934) *Lobo do mar, o*
Trad. Monteiro Lobato
São Paulo: Companhia Editora Nacional
Col. Paratodos

(1972) *Lobo do mar, o*
Trad. Rachel de Queiroz
Rio de Janeiro: Ediouro
Col. Elefante

(2000) *Lobo do mar, o*
Trad. Pietro Nassetti
São Paulo: Martin Claret
Col. Obra-prima de cada autor

(2000) *Lobo do mar, o*
Trad. Geraldo Galvão Ferraz
São Paulo: Ática
Col. Eu leio

(1906) BEFORE ADAM
(1985) *Antes de Adão*
Trad. Maria Inês Arieira e
Luis Brandão
Porto Alegre: L&PM

(1906) WHITE FANG
(s/data) *Caninos brancos*
Trad. Monteiro Lobato
São Paulo: Companhia Editora Nacional
Col. Terramarear

(1995) *Caninos brancos*
Trad. Geraldo Galvão Ferraz
São Paulo: Ática
Col. Eu leio

# 172  IRENE HIRSCH

(2000) *Caninos brancos*
Trad. Guimarães Mendes
São Paulo: Melhoramentos
Col. Obras primas universais

(2000) *Caninos Brancos*
Trad. Pietro Nassetti
São Paulo: Martin Claret
Col. Obra-prima de cada autor

(s/data) *Caninos brancos*
Trad. Bobbi Weiss

(1911) THE ADVENTURE
(s/data) *Aventureira, a*
Trad. Americo Neto
São Paulo: Companhia Editora Nacional
Col. Terramarear

(1913) MARTIN EDEN
(s/data) *Martin Eden*
Trad. Aureliano Sampaio
São Paulo: Abril

(1915) THE STAR ROVER
(1993) *Andarilho das estrelas, o*
Trad. Merle Scoss
São Paulo: Axis Mundi

(1908) THE IRON HEEL
(s/data) *Tacão de ferro*
Trad. Guaraci Edu
São Paulo: Livraria Exposição do Livro

(1995) *Grande Pã morreu, o*
S/tradutor
Revan

(1986) *História de um soldado*
Trad. Carlos Rizzi
São Paulo: Hemus

(1964) *Histórias de Jack London*
Trad. Olívia Krähenbühl
São Paulo: Cultrix

(1944) *Ilhas do Pacífico*
Trad. Nélson Vainer
São Paulo: Clube do Livro

(1993) *Memórias alcoólicas*
Trad. John Barleycorn
São Paulo: Paulicéia

(1996) *Mexicano, o: livro do professor*
Trad. Julio Emilio Braz
São Paulo: Scipione
Col. Reencontro

(1977) *Na terra dos lobos*
Trad. Mary Apocalipse
São Paulo: Clube do Livro

(s/data) *Silêncio branco, o e outros contos*
Trad. Olívia Krähenbühl
Rio de Janeiro: Ediouro

(1995?) *Travessia do snark, a*
Trad. Thereza Deutsch
São Paulo: Círculo do Livro

(s/data) *Três histórias de aventura*
S/tradutor
Rio de Janeiro: Ediouro

(1985) *Vagões e vagabundos, de*
Trad. Alberto Alexandre Martins
Porto Alegre: L&PM

(1971) *Vento do norte*
S/tradutor
São Paulo: Clube do Livro

MELVILLE, HERMAN (1819-91)
(1846) TYPEE
(1967) *Mares do sul*
Trad. José Maria Machado
São Paulo: Clube do Livro

(1984) *Taipi, paraíso de canibais*
Trad. Henrique de Araujo Mesquita
Porto Alegre: L&PM

(1854) BARTLEBY
(1984) *Bartleby: o escrivão*
Trad. A. B. Pinheiro Lemos
Rio de Janeiro: Record

(1986) *Bartleby, o escriturário*
Trad. Luis Lima
Rio de Janeiro: Rocco

(1854) BENITO CERENO
(1971) *Benito Cereno*
Trad. Sandro Pivatto
Rio de Janeiro: Bruguera
Col. Livroscope

(1993) *Benito Cereno*
Trad. Daniel Piza
Rio de Janeiro: Imago
Col. Lazuli

(1851) MOBY-DICK, OR THE WHALE
(1935) *Moby Dick, a fera do mar*
Trad. Monteiro Lobato e
A Rochsteiner
São Paulo: Companhia Editora Nacional
Col. Paratodos

(1948) *Moby Dick*
Trad. Louis Zanski
Rio de Janeiro: Ebal
Edição Maravilhosa

*Moby Dick, ou a baleia*
Trad. Berenice Xavier
(1950) Rio de Janeiro: José Olympio
Col. Fogos cruzados
(1967) Rio de Janeiro: Ediouro
Col. Clássicos de bolso
(1982) Rio de Janeiro: Francisco Alves
(1998) São Paulo: Publifolha

(1957) *Moby Dick*
Trad. José Maria Machado
São Paulo: Clube do Livro

(1962) *Moby Dick a fera do mar*
Trad. Maria Tereza Cunha de Giacomo
São Paulo: Melhoramentos
Col. Obras célebres

(1962) *Moby Dick*
Trad. Francisco da Silva Ramos
Rio de Janeiro: Record

*Moby Dick, a fera do mar*
Trad. Francisco Manoel da Rocha Filho
(1966) Rio de Janeiro: Bruguera
Col. Histórias
(1972) São Paulo: Abril
Col. Clássicos da literatura juvenil

(1970) *Moby Dick*
Trad. Carlos Heitor Cony
Rio de Janeiro: Ediouro
Col. Elefante

*Moby Dick, ou a baleia*
Trad. Péricles Eugenio da Silva Ramos
(1972) São Paulo: Abril
Col. Os imortais
(1984) São Paulo: Círculo do Livro

(1985) *Moby Dick, a baleia branca*
Trad. Werner Zotz
São Paulo: Scipione
Col. Reencontro

(1987) *Moby Dick*
Trad. Ione Quartim
S/local: Tempo Cultural

(1997) *Moby Dick*
Trad. Luis Antonio Aguiar
São Paulo: Melhoramentos
Col. Clássicos ilustrados

(1998) *Baleia branca*
Trad. Carlos Sussekind
São Paulo: Companhia das Letrinhas

(1990) *Moby Dick*
Trad. Mauro Campos da Silva
São Paulo: Hemus

(1991) *Moby Dick*
S/tradutor
São Paulo: Abril
Col. Classics illustrated

(1857) THE CONFIDENCE MAN
(1992) *Vigarista: seus truques*
Trad. Eliane Sabino
São Paulo: Ed. 34

(POST.) BILLY BUDD
(1971) *Billy Budd*
Trad. Pedro Porto Careiro Ramires
Rio de Janeiro: Bruguera
Col. Livroscope

*Melhores contos de Herman Melville*
Trad. Olívia Krähenbühl
(1969) São Paulo: Cultrix
(1987) São Paulo: Círculo do Livro

*Os dramas do mar*
Trad. Octavio Mendes Cajado
(1952) São Paulo: Saraiva
(1966) Rio de Janeiro: Ediouro

POE, EDGAR ALLAN (1809-49)
(1960) *Assassínios da rua Morgue, os*
Trad. Alvaro Aguiar e Raul Polilo
São Paulo: Boa leitura

(1996) *Assassinatos da rua Morgue, os*
Trad. Erline dos Santos, Ana Maria
Murakani e Samantha Batista
São Paulo: Paz e Terra
Col. Leitura

## VERSÃO BRASILEIRA

(s/data) *Assassinatos da rua Morgue, os*
Trad. Ricardo Gouveia
São Paulo: Scipione
Col. Reencontro

(1961) *Os crimes da rua Morgue e outras histórias*
Trad. Aldo della Nina
São Paulo: Saraiva

(1954) *Fantasma da rua Morgue, o*
S/tradutor
Rio de Janeiro: Vecchi

(1944) *Aventuras de Artur Gordon Pym*
Trad. Eloy Ponte
Rio de Janeiro: Irmãos Pongetti

(1946) *Aventuras de Artur Gordon Pym*
S/tradutor
São Paulo: Clube do Livro

(1985) *Relato de Arthur Gordon Pym, o*
Trad. Arthur Nestrovski
Porto Alegre: L&PM

(s/data) *Aventuras de Artur Gordon Pym*
S/tradutor
Rio de Janeiro: Guanabara

(1999) *Carta roubada e Assassinatos da R. Morgue*
Trad. Isa Lando
Rio de Janeiro: Imago
Col. Biblioteca Alumni

(s/data) *Contos de horror*
Trad. Luiza Lobo
Rio de Janeiro: Bruguera
Col. Trevo negro

(1947) *Contos de imaginação e mistério*
Trad. Aurélio Lacerda
Pinguim
Col. Verde

(s/data) *Contos de mistério e de imaginação*
Trad. Sandro Pivatto
Rio de Janeiro: Cedibra
Col. Super terror

*Poesia e prosa*
Trad. Oscar Mendes e Milton Amado
(1944) Porto Alegre: Globo
Col. Biblioteca dos séculos

(s/data) Rio de Janeiro: Ediouro
Col. Clássicos de bolso/Universidade
(s/data) Rio de Janeiro: Nova Aguillar

(1974) *Contos*
Trad. Oscar Mendes e Milton Amado
São Paulo: Três

(1981) *Contos de terror, mistério e morte*
Trad. Oscar Mendes e Milton Amado
Rio de Janeiro: Nova Fronteira

(1985) *Contos escolhidos*
Trad. Oscar Mendes e Milton Amado
Porto Alegre: Globo
Col. Biblioteca dos séculos

## 176 IRENE HIRSCH

(1987) *Histórias extraordinárias*
Trad. Oscar Mendes e Milton Amado
Porto Alegre: Globo

(1996) *Manuscrito encontrado numa garrafa e outros contos*
Trad. Oscar Mendes e Milton Amado
Rio de Janeiro: Ediouro
Col. Clássicos de ouro

*Histórias extraordinárias*
Trad. Brenno Silveira
(s/data) Rio de Janeiro: Civilização Brasileira
(s/data) Rio de Janeiro: Nova Fronteira
(1981) São Paulo: Abril
(s/data) São Paulo: Círculo do Livro

(1952) *Escaravelho de ouro, e outros contos*
S/tradutor
Rio de Janeiro: Ebal
Edição Maravilhosa

(1995) *Escaravelho de ouro, o*
Trad. José Rubens Siqueira
São Paulo: Ática
Col. Eu leio

(1986) *Eureka*
Trad. Marilene Felinto
São Paulo: Max Limonad
Col. A obra futura

(s/data) *O gato preto e outras histórias de Allan Poe*
Trad. Clarice Lispector
Rio de Janeiro: Ediouro
Col. Elefante

(1998) *Histórias de crime e mistério*
Trad. Geraldo Galvão Ferraz
São Paulo: Ática
Col. Eu leio

(1993) *Homem da multidão, o*
Trad. Dorathee de Bruchard
Porto Alegre: Paraula

(1988) *Histórias extraordinárias*
Trad. Luisa Feijó e J. Teixeira Aguilar
Ed. América do Sul
Biblioteca de ouro da literatura universal

(1958) *Histórias extraordinárias*
Trad. José Paulo Paes
São Paulo: Cultrix
Col. Os maiores contistas de todos os tempos

*(Melhores) Contos de Allan Poe*
Trad. José Paulo Paes
(1985) São Paulo: Cultrix
(1988) São Paulo: Círculo do Livro

(s/data) *Mistérios famosos*
S/tradutor
Rio de Janeiro: Ebal
Edição Maravilhosa

(1982) *Mistério de Marie Roget*
Trad. Ary Nicodemos
São Paulo: FDT
Col. Selo negro mistério

(s/data) *Novelas*
S/tradutor
Rio de Janeiro: Ebal
Edição Maravilhosa

## VERSÃO BRASILEIRA 177

(s/data) *Novellas extraordinarias*
Trad. Affonso de E. Taunay
São Paulo: Cayeras
Rio de Janeiro: Melhoramentos
Col. Bibliotheca da Adolescencia

(1945) *Novelas extraordinárias*
S/tradutor
São Paulo: Clube do Livro

(1975) *Onze de Allan Poe*
Trad. Clarice Lispector
Rio de Janeiro: Ediouro
Col. Calouro

(1973) *Passageiro clandestino, o*
Trad. Marques Rebelo
Rio de Janeiro: Ediouro
Col. Elefante

(1991) *Queda da casa de Usher, a*
Trad. P. Craig Russell
São Paulo: Abril
Col. Classics illustrated

(1956) *Thingum Bob*
Trad. José Maria Machado
São Paulo: Clube do Livro

(s/data) *Melhor de Poe*
S/ tradutor
São Paulo: Hemus
Col. Clássicos ilustrados

### PORTER, ELEANOR HODGMAN (1868-1920)
(1913) POLLYANNA
(1934) *Pollyana*
Trad. Monteiro Lobato
São Paulo: Companhia Editora Nacional
Col. Biblioteca das moças

(s/data) *Poliana*
Trad. Paulo Freitas
Rio de Janeiro: Ediouro
Col. Elefante

(1915) POLLYANNA GROWS UP
(s/data) *Pollyana moça*
Trad. Monteiro Lobato
São Paulo: Companhia Editora Nacional
Col. Biblioteca das moças

(1986) *Poliana moça*
Trad. Paulo Freitas
Rio de Janeiro: Ediouro
Col. Elefante

(1987) *Davi, o órfão*
Trad. Paulo Freitas
Rio de Janeiro: Ediouro
Col. Elefante

### SOUTHWORTH, EMMA (1819-99)
(1849) RETRIBUTION
(s/data) *Sogra, a*
Trad. Oliveira Ribeiro Neto
São Paulo: Companhia Editora Nacional
Col. Biblioteca das moças

## STOWE, HARRIET BEECHER
## (1811-96)
(1852) UNCLE TOM'S CABIN
(18??) *Cabana do pai Tomas, a*
S/tradutor
Rio de Janeiro: Empreza Litteraria Fluminense

(1933) *Cabana do pai Tomas, a*
S/tradutor
Rio de Janeiro: Civilização Brasileira

(1952) *Cabana do pai Tomas, a*
Trad. Alfredo Gomes
São Paulo: Melhoramentos
Col. Obras célebres

(1957) *Cabana do pai Tomas, a*
S/tradutor
São Paulo: Paulinas
Col. Os grandes romances do cristianismo

*Cabana do pai Tomas, a*
Trad. Octavio Mendes Cajado
(1951) São Paulo: Saraiva
(1967) Rio de Janeiro: Ediouro

(1966) *Cabana do pai Tomas, a*
Trad. Roney Bristol
Rio de Janeiro: Bruguera
Col. Histórias

(1969) *Cabana do pai Tomas, a*
Trad. Evangelista Prado
São Paulo: Clube do Livro

(1969) *Cabana do pai Tomas, a*
Trad. Herberto Sales
Rio de Janeiro: Ediouro
Col. Elefante

(s/data) *Cabana do pai Tomas, a*
S/tradutor
Rio de Janeiro: Ebal
Edição Maravilhosa

(1995) *Cabana do pai Tomas, a*
S/tradutor
São Paulo: Verbo
Col. Clássicos juvenis

## THOREAU, HENRY DAVID
## (1817-62)
(1854) WALDEN
(1849) CIVIL DISOBEDIENCE
(1964) *Escritos selecionados sobre natureza e liberdade*
Trad. Aydano Arruda
São Paulo: Ibrasa
Col. Clássicos da liberdade

(1968) *Desobediência civil e outros ensaios*
Trad. José Paulo Paes
São Paulo: Cultrix

(1984) *Walden, ou a Vida nos bosques*
Trad. Astrid Cabral
São Paulo: Global

(1986) *Desobedecendo*
Trad. José Augusto Drummond
São Paulo: Círculo do Livro

(1993) *Desobediência civil e Walden*
Trad. David Jardim Jr.
Rio de Janeiro: Ediouro
Col. Clássicos de bolso

(1997) *Desobediência civil*
Trad. Sergio Karam
Porto Alegre: L&PM

(2001) *Desobediência civil*
São Paulo: Martin Claret
Col. Obras-primas de cada autor

TWAIN, MARK (1835-1910)
(1876) THE ADVENTURES OF
TOM SAWYER
(1933) *Aventuras de Tom Sawyer*
S/tradutor
Rio de Janeiro: Civilização Brasileira
Col. Livro-film

(1945) *Aventuras de Tom Sawyer*
Trad. Alfredo Ferreira
Rio de Janeiro: Vecchi
Col. Os audazes

(1954) *Aventuras de Tom Sawyer*
Trad. José Maria Machado
São Paulo: Clube do Livro

(1966) *Aventuras de Tom Sawyer*
Trad. Alderico Toribio
Rio de Janeiro: Bruguera
Col. Histórias

(1970) *Aventuras de Tom Sawyer*
Trad. Carlos Heitor Cony
Rio de Janeiro: Ediouro
Col. Cavalo e Calouro

*Aventuras de Tom Sawyer*
Trad. Monteiro Lobato
(1971) São Paulo: Abril
Col. Clássicos da literatura juvenil
(s/data) São Paulo: Brasiliense
Col. Clássicos jovens

(1983) *Aventuras de Tom Sawyer*
Rio de Janeiro: Ebal
Edição Maravilhosa

(1991) *Aventuras de Tom Sawyer*
Trad. Michael Ploog
São Paulo: Abril
Col. Classics illustrated

(1995) *Aventuras de Tom Sawyer*
Trad. Duda Machado
São Paulo: Ática
Col. Eu leio

(1995) *Aventuras de Tom Sawyer*
Trad. Cristina Porto
São Paulo: Globo
Col. Grandes clássicos juvenis

(1998) *Aventuras de Tom Sawyer*
Trad. Luiz Antonio Aguiar
São Paulo: Melhoramentos
Col. Obras-primas universais

## IRENE HIRSCH

(2000) *Aventuras de Tom Sawyer*
Trad. Pietro Nasceti
São Paulo: Martin Claret
Col. Obras-primas de cada autor

(s/data) *Aventuras de Tom Sawyer*
Trad. Luísa Derouet
São Paulo: Círculo do Livro

(1876) A MURDER, A MYSTERY
AND A MARRIAGE
(2001) *Um assassinato, um mistério e
um casamento*
Trad. Ana Maria Machado
Rio de Janeiro: Objetiva

(1882) THE PRINCE AND THE PAUPER
(1958) *Príncipe e o mendigo, o*
Trad. Alfredo Ferreira
Rio de Janeiro: Vecchi
Col. Os audazes

(1961) *Príncipe e o pobre, o*
Trad. Paulo Freitas
São Paulo: Brasiliense
Col. Clássicos jovens

*Príncipe e o mendigo, o*
Trad. Maria Lucia de Mello e Souza
(s/data) São Paulo: Paulinas
Col. Primavera
(1972) São Paulo: Abril
Col. Clássicos da literatura juvenil

(1978) *Príncipe e o mendigo, o*
Trad. A. B. Pinheiro Lemos
Rio de Janeiro: Record

(1998) *Príncipe e o mendigo, o*
Trad. Cláudia Lopes
São Paulo: Scipione
Col. Reencontro

(1998) *Príncipe e o mendigo, o*
Trad. Maria Helena Grembecki
São Paulo: Ática
Col. Eu leio

(1978) *Príncipe e o mendigo, o*
Rio de Janeiro: Ebal
Edição Maravilhosa

(1979) *Príncipe e o pobre, o*
Trad. Adonias Filho
Rio de Janeiro: Ediouro
Col. Elefante

(1884) THE ADVENTURES OF
HUCKLEBERRY FINN
*Aventuras de Huck*
Trad. Monteiro Lobato
(1934) São Paulo: Companhia Editora
Nacional
(s/data) São Paulo: Brasiliense
Col. Clássicos jovens

(1942) *As aventuras de Huck (compa-
nheiro de Tom Sawyer)*
Trad. Alfredo Ferreira
Rio de Janeiro: Vecchi
Col. Os audazes

(1961) *Aventuras de Huckleberry Finn
1 e 2*
Trad. José Maria Machado
São Paulo: Clube do Livro

## VERSÃO BRASILEIRA

*Aventuras de Huck*
Trad. Herberto Sales
(1972) São Paulo: Abril
Col. Clássicos da literatura juvenil
(1992) Rio de Janeiro: Ediouro
Col. Elefante e Calouro

(1979) *Aventuras de Huck*
Trad. Alverto Cuevas Hortelano
Rio de Janeiro: Ebal
Edição Maravilhosa

(1996) *Aventuras de Huckleberry Finn*
Trad. Sergio Flaksman
São Paulo: Ática
Col. Eu leio

(1997) *Huck Finn*
São Paulo: Verbo
Col. Clássicos juvenis

(1889) A CONNECTICUT YANKEE
IN KING ARTHUR'S COURT
(1945) *Ianque na corte do rei Artur, um*
Trad. José Geraldo Vieira
São Paulo: Brasiliense

(1973) *Ianque na corte do rei Artur, um*
Trad. Carlos Heitor Cony
Rio de Janeiro: Ediouro
Col. Elefante

(1894) TOM SAWYER ABROAD
(1933) *Outras aventuras de Tom Sawyer*
Trad. Orlando Rocha
Rio de Janeiro: Civilização Brasileira
Col. Livro-film

(1955) *Aventuras de Tom Sawyer no estrangeiro*
Trad. Marina Guaspari
Rio de Janeiro: Vecchi
Col. Os audazes

(1973) *Viagens de Tom Sawyer*
Trad. Carlos Heitor Cony
Rio de Janeiro: Ediouro
Col. Elefante

(1896) TOM SAWYER DETECTIVE
(1968) *Tom Sawyer detetive*
Trad. Marina Guaspari
Rio de Janeiro: Vecchi
Col. Os audazes

(1974) *Tom Sawyer detetive*
S/tradutor
São Paulo: Clube do Livro

(1973) *Tom Sawyer detetive*
Trad. Carlos Heitor Cony
Rio de Janeiro: Ediouro

(1896) THE PERSONAL RECOLLECTIONS OF JOAN OF ARC
(2001) *Joana D'Arc*
Trad. Maria Alice Máximo
Rio de Janeiro: Record

(1916) THE MYSTERIOUS STRANGER
(1999) *Estranho misterioso, o*
Trad. Merle Scoss
São Paulo: Axis Mundi
(1958) *Histórias alegres*
Trad. Araujo Nabuco
São Paulo: Cultrix

*(Melhores) (Mais brilhantes) Contos de Mark Twain*
Trad. Araujo Nabuco
(1985) São Paulo: Cultrix
Rio de Janeiro: Ediouro
(1988) São Paulo: Círculo do Livro

(1997) *Curiosa aventura e outros contos, uma*
Trad. Araujo Nabuco
Rio de Janeiro: Ediouro
Col. Clássicos de ouro

(1993) *História de um inválido e outros contos*
Trad. Araujo Nabuco
Rio de Janeiro: Ediouro
Col. Clássicos de bolso

(1974) *Diário de Adão e Eva*
Trad. Carlos Heitor Cony
Rio de Janeiro: Ediouro
Col. Elefante

(1974) *Roubo do elefante branco, o*
Trad. Carlos Heitor Cony
Rio de Janeiro: Ediouro
Col. Elefante

(s/data) *História do pequeno Stephen Girard*
Trad. Fernando Sabino
Rio de Janeiro: Record
Col. Abre-te sesamo

(1983) *Como matei um urso*
Trad. Fernando Sabino
Rio de Janeiro: Record

(1986) *Homem que corrompeu Hadleyburg, o*
Trad. Manuel Tadeu Borges
Rio de Janeiro: Alhambra

(1988) *Homem que corrompeu Hadleyburg, o*
Trad. Alípio Correia da Franca Neto
São Paulo: Imaginário

(s/data) *Nota de um milhão, a*
S/tradutor
Rio de Janeiro: Monterrey
Col. Avec

(1961) *Pretendente norte-americano, o*
Trad. Galvão de Queiroz
Rio de Janeiro: Vecchi

(1946) *Aventuras de Mark Twain*
Trad. Oswaldino Marques
Rio de Janeiro: José Olympio

WHARTON, EDITH (1862-1937)
(1905) THE HOUSE OF MIRTH
(1940) *Eu soube amar*
Trad. Rachel de Queiroz
Rio de Janeiro: José Olympio

(1911) ETHAN FROMME
(1947) *Casa dos mortos, a*
Trad. Moacir Werneck de Castro
Porto Alegre: Globo
Col. Nobel

(s/data) *Ethan Frome*
Trad. Donaldson Garshagen
Rio de Janeiro: Guanabara dois

(1920) THE AGE OF INNOCENCE
(1993) *Época da inocência, a*
Trad. Sieni Maria Campos
Rio de Janeiro: Ediouro
Col. Clássicos modernos

(1938) THE BUCANEERS
(1995) *Bucaneiros, os*
Trad. Laura Alves e Aurelio Rebello
Rio de Janeiro: Ediouro

WIGGIN, KATE DOUGLAS
(1856-1923)
(1903) REBECCA OF SUNNYBROOK
FARM
(1974) *Rebeca do vale do sol*
Trad. Virginia Lefevere
Rio de Janeiro: Ediouro

(1911) MOTHER CAREY'S CHICKENS
(s/data) *Sonho de moça*
Trad. Agripino Griecco
São Paulo: Companhia Editora Nacional
Col. Biblioteca das moças

# Referências bibliográficas

ADAMO, Sergia (não publicada). *Historical Paradigms and Translation History*, comunicação apresentada no ICLA 2000, Pretoria.

AMORIM, Sônia (2000). *Em busca de um tempo perdido*. São Paulo: Edusp.

AGUIAR, Ofir Bergemann de (1997). *Uma Reescritura Brasileira de 'Os Miseráveis'*, tese de doutoramento defendida na Unesp, não publicada.

BALTAR, Célia de Queiroz (s/data). *Livros norte-americanos traduzidos para o português e disponíveis no mercado brasileiro*. Rio de Janeiro: Lidio Ferreira.

BANDEIRA, Moniz (1978). *Presença dos Estados Unidos no Brasil*. Rio de Janeiro: Civilização Brasileira.

BARBOSA, Onédia Célia de Carvalho (1975). *Byron no Brasil – Traduções*. São Paulo: Ática.

BARTHES, Roland (1992). *Aula*. Trad. Leyla Perrone-Moisés. São Paulo: Cultrix.

BASSNETT, Susan (1994). *Translation Studies*. London & New York: Routledge.

BOSI, Ecléa (2000). *Cultura de massa e cultura popular – Leituras operárias*. Petrópolis: Vozes.

BRANDÃO, Ignácio de Loyola (22/03/2002). "Os livros que me formaram" in *O Estado de S. Paulo*.

BRITO, Mario da Silva (1967). *Martins, 30 anos*. São Paulo: Martins.

CALVINO, Ítalo (1994). *Por que ler os clássicos*. Trad. Nilson Moulin. São Paulo: Companhia das Letras.

_____ (1995). *Seis propostas para o próximo milênio*. Trad. Ivo Barroso. São Paulo: Companhia das Letras.

CAMPOS, Augusto de (1989). *À margem da margem*. São Paulo: Companhia das Letras.

CARNEIRO, Maria Luiza Tucci (org.) (2002). *Minorias silenciadas; história da censura no Brasil*. São Paulo: Edusp, Imprensa Oficial do Estado, Fapesp.

CASANOVA, Pascale (2002). *A república mundial das letras*. Trad. Marina Appenzeller. São Paulo: Estação Liberdade.

CAVALLO, Guglielmo & CHARTIER, Roger (1999). *História da leitura no mundo ocidental 2*. São Paulo: Ática.

COELHO, Nelly Novaes (1985). *Panorama histórico da literatura infantil/juvenil*. São Paulo: Quíron.

186     IRENE HIRSCH

CONY, Carlos Heitor (22/06/2001). "As adaptações dos clássicos e a voz do senhor" in *Folha de S. Paulo*.

CORRÊA, Thomaz Souto (2000). *A revista no Brasil*. São Paulo: Abril.

CUNHA, Maria Teresa Santos (1999). *Armadilhas da sedução*. Belo Horizonte: Autêntica.

DELISLE, Jean & WOODSWORTH, Judith (1995). *Translators through History*. Amsterdam: John Benjamins.

EVEN-ZOHAR, Itamar (1978). "The Position of Translated Literature within the Literary Polysystem", in *Literature and Translation*, (ed.) James Holmes et al. Leuven: Acco.

FRANCESCHI, Antonio Fernando De (1997). *Cadernos de Literatura Brasileira* nº 4. São Paulo: Instituto Moreira Salles.

GENTZLER, Edwin (1993). *Contemporary Translation Theories*. London & New York: Routledge.

HALLEWELL, Laurence (1985). *O livro no Brasil*. São Paulo: T.A. Queiroz e Edusp.

HERMANS, Theo (ed.) (1985). *The Manipulation of Literature*. London & Sydney: Croom Helm.

_____ (1999). *Translation in Systems*. Manchester: St. Jerome.

HOLLANDA, Sérgio Buarque de (1996). "A decadência do romance" in *O espírito e a letra*, org. Antonio Arnoni Prado. São Paulo: Companhia das Letras.

KITTEL, Harald (1995). *International Anthologies of Literature in Translation*. Berlin: Eric Schmidt.

KOSHIYAMA, Alice (1982). *Monteiro Lobato intelectual, empresário, editor*. São Paulo: T. A. Queiroz.

LANE-MERCIER, Gillian (1997). "Translating the Untranslatable: The Translator's Aesthetic, Ideological and Political Responsibility" in *Target* 9:1. Amsterdam: John Benjamins.

LEFEVERE, André (1992). *Translation, Rewriting & the Manipulation of Literary Fame*. London & New York: Routledge.

LOBATO, Monteiro (1933). *A barca de Gleyre*. São Paulo: Companhia Editora Nacional.

_____ (3/12/1933). "Traduções" in *Correio do Povo*.

MARTINS, Ana Luiza (2001). *Revistas em revista: imprensa e práticas culturais em tempos de República, São Paulo (1890-1922)*. São Paulo: Edusp, Fapesp, Imprensa Oficial do Estado.

MARTINS, Márcia (1999). *A instrumentalidade do modelo descritivo para a análise de traduções: o caso dos Hamlets brasileiros*, tese de doutoramento defendida no departamento de Comunicação e Semiótica da PUC/SP, não publicada.

MARTINS, Wilson (1996). *A palavra escrita – História do livro, da imprensa e da biblioteca*. São Paulo: Ática.

MAY, Charles (1994). *The New Short Stories Theories*. Ohio: Ohio U. P.

MEYER, Marlyse (1996). *Folhetim: uma história*. São Paulo: Companhia das Letras.

MICELLI, Sergio (1979). *Intelectuais e classe dirigente no Brasil*. Rio de Janeiro: Difel.

MILTON, John (1996). "As traduções do Clube do Livro" in *TradTerm*. São Paulo: FFLCH/USP, n.3.

_____ (2002). *O Clube do Livro e a tradução*. Bauru: EDUSC.

VERSÃO BRASILEIRA 187

MONTERO, Paula & DELLA CAVA, Ralph (1991). ...E o verbo se faz imagem. Petrópolis: Vozes.

MOREIRA ALVES, Márcio (1968). Beabá dos MEC-USAID. Rio de Janeiro: E. Gernasa.

MOYA, Álvaro de (1996). História da história em quadrinhos. São Paulo: Brasiliense.

OLIVEIRA, Lúcia Lippi de (2000). Americanos: representações da identidade nacional no Brasil e nos EUA. Belo Horizonte: UFMG.

ORTIZ, Renato (2001). A moderna tradição brasileira. São Paulo: Brasiliense.

PAES, José Paulo (1990). Tradução, a ponte necessária. São Paulo: Ática.

PAIXÃO, Fernando (1998). Momentos do livro no Brasil. São Paulo: Ática.

PAGANO, Adriana (1996). Percursos críticos e tradutórios da nação: Argentina e Brasil, tese de doutoramento defendida no curso de Pós-Graduação em Letras da Universidade Federal de Minas Gerais, não publicada.

_____ (2001). "An Item Called Books: Translations and Publisher's Collections in the Editorial Booms in Argentina and Brazil" in Emerging Views on Translation History in Brazil, (org.) John Milton. São Paulo: Humanitas.

PORTINHO, Waldívia Marchiori & DUTRA, Waltensir (1994). "Paulo Rónai, tradutor e mestre de tradutores" in TradTerm, n°1.

POST-LAURIA, Sheila (1996). Correspondent Colorings. Massachusetts: The University of Massachusetts Press.

PYM, Anthony (1998). Method in Translation History. Manchester: St Jerome.

RADWAY, Janice (1993). "The institutional matrix of romance" in The Cultural Studies Reader. London New York: Routledge.

REIMÃO, Sandra (1996). Mercado editorial brasileiro. São Paulo: Com-Arte, Fapesp.

ROBINSON, Douglas (1997). What is Translation? Kent, London: Kent State U. P.

ROMANELLI, Otaíza de Oliveira (1985). História da educação no Brasil. Petrópolis: Vozes.

SARAIVA, Arnaldo (1996). Fernando Pessoa poeta-tradutor de poetas. Porto: Lello.

SCHLEIERMACHER, F. (1985). "Des differentes méthodes du traduire" in Les tours de Babel: essais sur la traduction. Trad. A. Berman. Mauvezin: Trans-Europ-Repress.

SCHWARCZ, Lilia Moritz (1998). As barbas do imperador. São Paulo: Companhia das Letras.

SNELL-HORNBY, Mary (1995). Translation Studies – an integrated approach. Amsterdam & Philadelphia: John Benjamins.

SODRÉ, Nelson Werneck (1998). História da imprensa no Brasil. Rio de Janeiro: Mauad.

STEINER, George (1992). After Babel: Aspects of Language and Translation. New York: Oxford University Press.

TELES, Gilberto M. (1976). Vanguarda européia e modernismo brasileiro. Petrópolis: Vozes.

TORRES, Marie-Hélène Catherine (2001). Variations sur l'étranger dans les lettres: cent ans de traductions françaises des lettres brésiliennes, tese de doutoramento defendida na Katholieke Universiteit Leuven, não publicada.

TORRESINI, Elisabeth R. (1999). Editora Globo. São Paulo: Edusp.

TOTA, Antonio Pedro (2000). O imperialismo sedutor. São Paulo: Companhia das Letras.

TOURY, Gideon (1984). "The Nature and Role of Norms in Literary Translation", in Descriptive Translation Studies and Beyond. Amsterdam & Philadelphia: John Benjamins.

188    IRENE HIRSCH

TOURY, Gideon (1991). "What are Descriptive Studies into Translation Likely to Yield apart from Isolated Descriptions?", in Kitty M. van Leuven-Zwart & Ton Naaijkens (ed.). *Translations Studies: The State of the Art*. Amsterdam: Rodopi.

TRIGO, Luciano (1996). *Marques Rebelo – mosaico de um escritor*. Rio de Janeiro: Relume-Dumará.

TYMOCZKO, Maria (1999). *Translation in a Postcolonial Context*. Manchester: St. Jerome.

VENUTI, Lawrence (1995). *The Translator's Invisibility – A History of Translation*. London & New York: Routledge.

VIEIRA, Adriana (1998). *Um inglês no sítio de Dona Benta: estudo da apropriação de* Peter Pan *na obra infantil lobatiana*, dissertação de mestrado defendida no departamento de Teoria Literária da Unicamp, não publicada.

VILLAÇA, Antônio Carlos (2001). *José Olympio, o descobridor de escritores*. Rio de Janeiro: Thex.

WYLER, Lia (1999). "Uma perspectiva multidisciplinar da tradução no Brasil" in *Tradução e multidisciplinaridade*. Rio de Janeiro: Lucerna.

# AGRADECIMENTOS

Este livro é resultado de minha tese de doutorado, defendida na Faculdade de Filosofia, Letras e Ciências Humanas da Universidade de São Paulo em 2002, intitulada *Histórias dos EUA made in Brazil: traduções brasileiras de autores de ficção em prosa norte-americanos do século XIX*. Para compreender o papel que essas traduções desempenharam no panorama da literatura brasileira, fiz um levantamento dos livros publicados sobre esse tema no Brasil: durante os quatro anos de pesquisa, percorri bibliotecas, livrarias e sebos, naveguei na Internet e conversei com outros profissionais e amigos aos quais gostaria de agradecer aqui.

Reitero meu agradecimento ao professor John Milton, pelo trabalho de orientação da tese e pelo inestimável apoio para a publicação deste livro. Agradeço também a leitura atenta, as críticas e as sugestões dos professores Carlos Daghlian, da Universidade Estadual Paulista, Francis H. Aubert, da Universidade de São Paulo, Adriana Pagano, da Universidade Federal de Minas Gerais e Marie-Helene Torres, da Universidade Federal de Santa Catarina.

Agradeço em especial ao professor e amigo Helder Garmes por não ter poupado incentivos e críticas para que esse trabalho se concretizasse. Às pesquisadoras e amigas Marianna Monteiro, Maria Teresa Machado, Paula Godoy Arbex e Maria Bacellar, companheiras de percurso, sou grata pela cumplicidade e, sobretudo, pela paciência com que leram, discutiram e corrigiram os esboços deste trabalho, assim como, pelas preciosas sugestões acrescentadas. À Ingrid Basílio, Nina amiga, agradeço a revisão minuciosa da tese, feita na distante terra portuguesa.

Registro meus agradecimentos ao artista Daniel Trench, cujo talento se percebe no tratamento gráfico da capa. Também aos queridos Sylvia e Nelson Mielnik, pelo apoio constante e solidariedade. Agradeço ao meu pai, Walter Hirsch.

À Fundação de Amparo à Pesquisa no Estado de São Paulo – Fapesp – pelo apoio financeiro que tornou viável a pesquisa e a publicação deste trabalho.

À Joana Monteleone, editora da Alameda Casa Editorial, pela oportunidade desta publicação.

Este livro foi impresso em São Paulo na ... 2011 ... tiragem
... impressão de 200 ... No papel da linha fabricado ... com lombada em
corpo 16.5 mm tamanho 143.

Este livro foi impresso em São Paulo na gráfica Vida & Consciência, no inverno de 2006. No texto da obra foi usada a fonte Minion, em corpo 10,5, com entrelinha 14,5.